Milton Meltzer

Zivilcourage

Milton Meltzer

Zivilcourage

*Die Geschichte tapferer
Menschen,
die Juden vor der Vernichtung
bewahrten*

Aus dem Amerikanischen
von
Hans-Georg Noack

CIP-Titelaufnahme der Deutschen Bibliothek

Meltzer, Milton
Zivilcourage : Die Geschichte tapferer Menschen, die Juden vor der Vernichtung bewahrten / Milton Meltzer.
Aus d. Amerikan. von Hans-Georg Noack. – Recklinghausen : Bitter, 1990
Einheitssacht.: Rescue. The Story of How Gentiles Saved Jews in the Holocaust dt.
ISBN 3-7903-0386-0

Dem Gedenken an meine Großeltern
Samuel und Rose Richter
und Michael und Leah Meltzer

© 1990 Georg Bitter Verlag KG, Recklinghausen.
© 1988 by Milton Meltzer.
Die Originalausgabe erschien unter dem Titel »RESCUE. The Story of How Gentiles Saved Jews in the Holocaust« 1988 im Verlag Harper & Row, New York.
Alle Rechte vorbehalten.
Einbandgestaltung Sebastian Linnerz.
Gesetzt aus der Times
Satz: Knipp Textverarbeitungen, Wetter
Druck, Einband: Ebner Ulm
ISBN 3-7903-0386-0

INHALT

1. Finsternis überall 7
2. Die Gräfin Maruschka 20
3. Für Freunde oder Fremde 31
4. Die Sünde, Juden zu verbergen 44
5. Schindlers Juden 57
6. Das Wunder von Le Chambon 71
7. Ein Volk von Helfern 91
8. Eine Legende unter den Juden 104
9. Fürchtet nichts 118
10. Tun, was getan werden muß 131
11. Ein Stück Brot, ein Teller Suppe 145
12. Wer auch nur eine Menschenseele rettet ... 154

Literaturhinweise zum Themenkreis 158
Personen-, Orts- und Sachregister 163

Die erste Frage, die sich der Priester stellte, war: »Wenn ich stehenbleibe und diesem Manne helfe, was wird dann aus mir?« Aber dann kam der gute Samariter vorüber, und er kehrte die Frage um: »Wenn ich nicht stehenbleibe, um diesem Manne zu helfen, was wird dann aus ihm?« Das ist die Frage, vor der ihr steht.

Aus der letzten Ansprache Martin Luther Kings,
Memphis, Tennessee, April 1968

1 Finsternis überall

Dieses Buch handelt von nichtjüdischen Männern, Frauen und Kindern, die den Mut hatten, ihr eigenes Leben und das ihrer Familien zu wagen, um während der nationalsozialistischen Herrschaft Juden zu helfen. Einige Tausend jüdischer Leben wurden gerettet. Was bedeutet das schon angesichts von sechs Millionen Juden, die im Holocaust umkamen? Aber so wenige Helfer es auch gab – sie dürfen nicht vergessen werden.

Ihre Geschichten lehren uns, daß es Opfer gab, aber auch Heldinnen und Helden. Was sie taten, zeigt uns, daß wir dem Bösen nicht nachgeben müssen. Es gibt andere Möglichkeiten als passives Dulden oder Mittäterschaft. Es gibt auch Männer und Frauen, die dem Bösen widerstehen. Sie sind Zeugen für das Gute im Menschen.

Vor über zehn Jahren schrieb ich mein Buch »Niemals vergessen: Die Juden des Holocaust« (»*Never to Forget: The Jews of the Holocaust*«), ein Buch, das in allen Einzelzeiten beschreibt, wann und wie sich der Holocaust abspielte. Ich habe mich darin auf Augenzeugenberichte, Tagebücher, Zeitungen, Memoiren und Interviews mit Menschen bezogen, die Terror und Entsetzen jener Zeit miterlebten. Ich habe mich auf die Geschichte des Hasses konzentriert, der zur Katastrophe führte, auf die Prozesse der Zerstörung und endlich auf den Widerstandsgeist der Juden. Das Hauptgewicht lag auf dem, was in einem Teil der Welt getan und von der ganzen übrigen Welt zugelassen wurde. Aber ich habe fast nichts über jene Menschen geschrieben, die von manchen die »Gerechten Nichtjuden« genannt wurden, jene Nichtjuden in Deutschland und überall im von den Nationalsozialisten besetzten Europa, die vielen Opfern Hitlers Hilfe geleistet haben.

Jetzt ist mir klar geworden, wie wichtig es ist, nicht nur über das offensichtlich Böse zu schreiben, sondern auch über die Zeugnisse menschlichen Edelmuts. Liebe braucht die Welt, nicht Haß; Rettung, nicht Vernichtung. Die Geschichten dieses Buches bieten Grund zur Hoffnung. Und Hoffnung brauchen wir so nötig wie Pflanzen das Sonnenlicht.

Ich möchte hier kurz den Hintergrund skizzieren, vor dem die Geschichten der Helfer und Retter verfolgter Juden erst verständlich werden. Die folgenden Kapitel werden dann genauer auf die Ursachen der Ereignisse in den Ländern und Gebieten eingehen, die ich beschreiben werde.

»Der Holocaust« ist der Ausdruck, den die Juden selbst gewählt haben, um das zu umschreiben, was ihnen während des Zweiten Weltkrieges widerfahren ist. Der Ausdruck bezieht sich auf das Wort *olah* in der hebräischen Bibel. Seine religiöse Bedeutung ist »Brandopfer«. In der 3500 Jahre währenden jüdischen Geschichte war der Holocaust die größte Katastrophe. Sechs Millionen starben, zwei von drei Juden in Europa, ein Drittel aller Juden der Welt. Aber man darf nicht an »Millionen« denken. Man geht sonst an der Tatsache des individuellen Mordes an so vielen Frauen, Männern und Kindern vorbei.

Der deutsche Begriff für den systematischen Judenmord lautete: »Endlösung der Judenfrage«. Sie war Hitlers vorherrschendes Ziel, das er schon in seinem Buch »Mein Kampf« darstellte, einem Buch, das bei seinem ersten Erscheinen im Jahre 1925 niemand so recht ernst nahm. Er verfolgte sein Ziel mit eisernem Willen und geradezu technischer Perfektion, selbst wenn es in seinem Krieg gegen die verbündeten Nationen hinderlich war.

Verfolgung, Folter und Mord waren den Juden nicht neu. Sie hatten seit Jahrtausenden darunter gelitten. Anderen Völkern war es ebenso ergangen. Sie wurden für Ziele hingeschlachtet, die Häuptlinge, Könige, Kaiser und Diktatoren für nützlich hielten. Die Opfer starben, weil Machthaber ihre Macht noch vergrößern, weil sie Reichtümer oder Länder an sich bringen, weil sie Widerstand brechen oder Bekehrungen erzwingen wollten. Hitler haßte die Juden wegen ihrer »Rasse«, wie er es nannte. Die Nationalsozialisten behaupteten, die Juden seien »minderwertig« und hätten deshalb nicht das Recht, in derselben Welt zu leben wie die »hochwertige« germanische Rasse.

Juden sind Menschen wie alle anderen: gut, böse, begabt, dumm, heiter, traurig, schwach, stark, gierig, großzügig. Aber für Hitler zählte das nicht. Für ihn war nur wichtig, daß sie Juden waren. Und seine Politik verlangte ihre vollständige Ausrottung.

Der Massenmord, der daraus folgte, war ein Verbrechen gegen die gesamte Menschheit. Daß die Juden die Opfer wurden, war die Folge einer langen Geschichte des Antisemitismus in Deutschland, in Europa und in der Welt. Hitler aber sorgte dafür, daß die Möglichkeit, einen Holocaust zu erleiden, für jede Menschengruppe Realität werden könnte. Das Ergebnis ist, daß seit dem Holocaust keine Gruppe mehr das Gefühl haben kann, vor dem gleichen Schicksal sicher zu sein.

Man gewinnt erst den rechten Blickwinkel, wenn man Rückschau hält, um in der Geschichte die Wurzeln des Antisemitismus aufzuspüren. Die religiöse Grundlage liegt in der Auslegungsgeschichte der christlichen Evangelien, in der Anklage, die Juden seien für die Kreuzigung Christi verantwortlich. Als das Wort »Christusmörder« gleichbedeutend mit dem Wort Jude wurde, erwuchs daraus unvermeidlich Verfolgung. Über viele Jahrhunderte hinweg sorgten Kirche und Staat gemeinsam dafür, daß die Juden bestraft wurden, daß ihr Elend nicht endete. Gesetze verboten ihnen, Bauern oder Handwerker zu werden. Die Kreuzzüge, die im Jahre 1096 begannen, bezeichneten den Beginn einer Unterdrückung, die an Dauer und Stärke bis in Hitlers Tage nicht mehr ihresgleichen hatte. Die Kreuzritter, die aufbrachen, um das Heilige Land von den ungläubigen Muslims zu befreien, begannen damit, jüdische Ungläubige zu töten, die ihnen auf ihrem Weg durch Europa begegneten. Christen ermordeten eine unglaubliche Zahl von Juden. Vom Jahre 1215 an zwang die Kirche die Juden, ein Erkennungszeichen an ihrer Kleidung zu tragen. Alles Übel wurde ihnen zur Last gelegt. Wenn das Geld aus den Geschäften, die ihnen gestattet waren – Handel und Bankwesen – in die Schatztruhen der Könige und des Adels geschleust werden konnte, dann wurden sie geduldet; hörte dieser Nutzen auf, wurden sie vertrieben. Sie mußten hinter Gettomauern wohnen. Einige wanderten in die Neue Welt aus oder ließen sich in Osteuropa nieder.

Im 16. Jahrhundert umwarb der Reformator Martin Luther zunächst die Juden. Als sie sich jedoch nicht dem Christentum anschlossen, ließ er alle alten Beschuldigungen wieder aufleben, die zu antijüdischen Ausschreitungen führten. Juden wurden als Ritualmörder, Brunnenvergifter, Parasiten, Teufel beschimpft. Synagogen wurden niedergebrannt, ihnen wurden ihre Bücher genommen, sie wurden aus einzelnen deutschen Ländern vertrieben.

Als die Industrielle Revolution in Westeuropa ihren Lauf nahm, entstanden neue Vorstellungen von den Rechten des Menschen. Die Aufklärung versprach den Juden bürgerliche Rechte. Junge Juden der Mittelklasse wollten aus den Gettos ausbrechen und hörten willig auf den Ruf nach Freiheit, Gleichheit und Brüderlichkeit. Sie ließen sich von der modernen Bildung beeinflussen und begannen, Einfluß auf die westliche Kultur auszuüben. Nach der Französischen Revolution von 1789 trugen die Armeen Napoleons das Banner der Freiheit in andere Länder, die Juden wurden Bürger mit allen Rechten. Doch vielerorts währte das nicht lange.

In Deutschland ließen die Niederlage Napoleons und das Erwachen eines deutschen Nationalbewußtseins die Juden wieder zu Außenseitern werden. Ihre politischen Rechte wurden vermindert oder ihnen völlig genommen. Deutsche entwickelten eine »Wissenschaft« des Antisemitismus, der auf der Rassenlehre beruhte. Danach waren die Juden als Angehörige einer »Sklavenrasse« geboren, während die Deutschen oder die Arier einer »Herrenrasse« angehörten. Die Natur, so wurde behauptet, habe alle Juden physisch und moralisch minderwertig erschaffen.

Eine Flut antisemitischer Bücher und Schriften beschmutzte die deutsche Kultur. »Gute« Juden, »böse« Juden? Wo lag der Unterschied? Alle Juden waren gleich. Selbst die getauften und der christlichen Umwelt angepaßten Juden waren für Antisemiten wertlos. Jetzt nämlich handelte es sich dabei nicht mehr um eine religiöse Frage. Die »Rasse« der Juden, ihr »Blut« machte sie verdammenswert.

Der gefährliche Unsinn wurde zu politischen Propagandazwecken benutzt. Als Hitler im Jahre 1889 geboren wurde, gewannen antisemitische Parteien bereits Wählerstimmen und entsandten Abgeordnete in den Deutschen Reichstag. »Die Juden sind unser Unglück«, so lautete ein Slogan, der von Spruchbändern und Schlagzeilen verkündet wurde. Ein deutscher Philosoph, Karl Eugen Dühring, schrieb, die Juden seien minderwertig und verkommen; es sei die Pflicht nordischer Menschen, solche parasitären Rassen zu vernichten, wie man Schlangen und Raubtiere vernichte.*

Als Hitler nach 1920 die nationalsozialistische Partei aufbaute, nützte er den latent vorhandenen Antisemitismus zwar krankhaft, aber geschickt aus, um Arbeiter und Industrielle, Gutsherren und Bauern, Narren und Intellektuelle, Atheisten und Prediger, jung und alt zusammenzuschweißen. Antisemitismus war eine Zauberformel zur Lösung aller deutschen sozialen Probleme. Hitler machte daraus eine Waffe gegen jede Opposition. Der Jude war nicht mehr ein bloßer Sündenbock; er war jetzt die Ursache aller Probleme, der Urgrund alles Bösen. Und nichts konnte die Juden erlösen. Sie waren die geborenen Untermenschen. Die einzige Lösung dieses »Judenproblems«, so sagte Hitler, bestand darin, alle zu vernichten. Sie hatten kein Lebensrecht.

Hitler übernahm im Januar 1933 die Macht, in den folgenden Jahren festigte er seine Diktatur über Deutschland und legte die Saat für den Holocaust. Alle politischen Parteien bis auf seine eigene löste er auf, er zerschlug die Gewerkschaften und warf ihre Führer ins Gefängnis. Die Arbeitslosigkeit beseitigte er durch ein umfangreiches Programm öffentlicher Arbeiten, durch die Wiederbewaffnung und dadurch, daß er die jungen Männer zur Wehrmacht einzog. Er sicherte sich die totale Kontrolle aller Medien und aller finanziellen Einrichtungen. Eine giftige Mischung nationalsozialistischer Schulen, Jugendorganisationen und Propa-

---

* Die hier gezeichnete Darstellung des deutschen Antisemitismus im 19. Jahrhundert ist in dieser Form verkürzt; in Wirklichkeit ist sie sehr viel differenzierter zu betrachten. Wir weisen in diesem Zusammenhang auf die im Anhang genannte historische Literatur hin. *(Anmerkung des Verlages)*

ganda wirkte auf die Jugendlichen ein, sich als »echte« Deutsche zu fühlen. »In meinen Ordensburgen«, sagte Hitler, »wird eine Jugend heranwachsen, vor der sich die Welt erschrecken wird. Eine gewalttätige, herrische, unerschrockene, grausame Jugend will ich. Jugend muß das alles sein. Schmerzen muß sie ertragen. Es darf nichts Schwaches und Zärtliches an ihr sein.«

Hitler sorgte dafür, daß die Befehlshaber der Wehrmacht seinen Befehlen gehorchten. Die Agenten seiner Gestapo (Geheime Staatspolizei) überwachten das Alltagsleben der Menschen, besetzten Funktionen des Staates und der Partei, leiteten Konzentrationslager und führten später Massenmorde aus. Die von Heinrich Himmler geführte SS in ihren schwarzen Uniformen formte eine Elite nationalsozialistischer Fanatiker zu einem weiteren wichtigen Terrorinstrument. Konzentrationslager wurden errichtet, um jeden einzusperren, der aktiver oder auch nur möglicher Opposition verdächtigt wurde.

Nachdem er die Macht fest in Händen hielt, ging Hitler Schritt für Schritt daran, die Juden zu isolieren und zu terrorisieren. Wie viele gab es von ihnen im Deutschland des Jahres 1933? Nur eine halbe Million, noch nicht einmal ein Prozent der Bevölkerung. Trotzdem wiederholten die Nazis Tag für Tag die Lüge, Industrie, Finanzen und Regierung würden von Juden beherrscht, und das müsse ein Ende haben.

Die Juden wurden aus der Beamtenschaft, aus der Armee, den Schulen und den freien Berufen ausgeschlossen. Die Nürnberger Gesetze von 1935 und die darauf folgenden Verordnungen nahmen ihnen die Staatsbürgerschaft und beschränkten ihr Wohnrecht, ihre Einkaufsmöglichkeiten, ihren Schulbesuch, ihre Bewegungsfreiheit. Gewalt gegen Juden nahm zu. Als die ausländische Presse von Brutalitäten und von Morden berichtete, beobachteten die Nationalsozialisten Reaktionen von Regierungen und Öffentlichkeit. Als feststand, daß ihre Taten ohne Folgen blieben, wußten sie, daß sie die Juden ungestraft angreifen konnten.

Hitler wurde noch kühner und brach 1936 den Versailler Vertrag, der den Ersten Weltkrieg beendet hatte, indem er deutsche Truppen in das Rheinland einmarschieren ließ. Niemand wehrte es ihm. Im Sommer dieses Jahres war er Gastgeber der Olympischen Spiele in Berlin; kein Land verweigerte die Teilnahme. Im März 1938 ließ er die Wehrmacht in Österreich einmarschieren und machte es zum Bestandteil des »Großdeutschen Reiches«; niemand mischte sich ein. Im September desselben Jahres spielte er die in England und Frankreich herrschende Furcht vor einem neuen Krieg aus und brachte die Regierungschefs dieser Länder dazu, in München ein Abkommen zu unterzeichnen, das ihm zunächst das Sudetenland, (das ab 1918 zur Tschechoslowakei gehörte), später auch die übrige Tschechoslowakei in die Hände lieferte. Der Westen war dankbar in der falschen Hoffnung, damit sei der »Friede für unsere Zeit« gesichert.

Und die Juden in Deutschland? Ihrer Staatsbürgerschaft, ihrer Rechte, ihrer Arbeit, ihres Eigentums und ihrer Menschenwürde beraubt, blieb ihnen als einziger Ausweg die Emigration. Bis zum Ende des Jahres 1937 waren etwa 130 000 von ihnen geflohen. Aber drei Viertel der deutschen Juden waren geblieben. Hitler versuchte, sie über die deutschen Grenzen abzuschieben, doch »fast alle Staaten der Welt haben ihre Grenzen hermetisch gegen die parasitären jüdischen Eindringlinge verschlossen«, klagte das Auswärtige Amt. Das war die Wahrheit. Die nicht nationalsozialistischen Länder Europas und die Vereinigten Staaten von Amerika nahmen einige jüdische Flüchtlinge auf, aber es waren beschämend wenige, gemessen an der verzweifelten Not. Und doch hofften die deutschen Juden noch immer, irgendwie zu überleben; sie hofften, eine anständige, demokratische, moralische Regierung würde Hitlers Herrschaft ablösen und Deutschland wieder zu einer sicheren Heimat werden lassen.

Im Jahre 1938 wurde diese Illusion zerstört. Die Ermordung eines unteren Beamten an der Deutschen Botschaft in Paris durch einen jüdischen Emigranten löste ein Pogrom in ganz Deutschland in der Nacht des 9. November aus. Die »Reichskristallnacht« war ein Vorbote der Ausrottung der Juden. Die meisten Synagogen in Deutschland wurden niedergebrannt, Tausende von Läden zerstört. Hunderte von Wohnungen geplündert. Mindestens 1 000 Juden wurden ermordet, 26 000 in Konzentrationslager gesperrt. Das Entsetzen trieb weitere 50 000 Juden zur Flucht aus Deutschland.

Ein Jahr darauf war es zu spät, das Land zu verlassen. Der Krieg, den Hitler im Herbst 1939 begonnen hatte, verschloß jeden Ausweg. Während Hitler in Polen einfiel, verschob er zugleich seinen Krieg gegen die Juden auf eine andere Ebene. In einer Rede kurz vor Kriegsbeginn hatte er »die Vernichtung der jüdischen Rasse in Europa« versprochen, sobald es zum Kriege käme. Polen wurde schnell geschlagen, und Deutschland hatte die Millionen Juden dieses Landes unter strenger Kontrolle. Sechs Monate später besetzte Hitler Dänemark und Norwegen, dann fielen Holland, Belgien und Frankreich den deutschen Armeen zum Opfer. Nur Großbritannien blieb im Westen übrig. Hitler wandte sich wieder nach Osten, brach seinen Pakt mit Stalin und fiel im Juni 1941 in Rußland ein. Schnell besetzten seine Truppen weite Gebiete der Sowjet-Union.

Unter dem Deckmantel des Krieges begann der Mord an Zivilisten. Bei der Invasion Polens rückten Mordkommandos der SS mit der deutschen Wehrmacht ein und ermordeten gefangene Juden. Die Juden waren völlig überrascht. Niemand konnte sich solchen systematischen, grundlosen Mord an einem Volk auch nur vorstellen. Oft fand die SS willige Helfer aus der örtlichen Bevölkerung. Als der Sommer 1942 endete, waren ein bis zwei Millionen Juden getötet worden. (Genaue Zählungen waren unmöglich.)

Damals wurde mit der Kugel getötet, Hitlers erste Methode. Die zweite Methode war der Hunger. Schon bald nach Beginn des Krieges beschlossen die Nationalsozialisten, die Juden aus Deutschland und aus den besetzten Ländern in einem kleinen Gebiet zu konzentrieren. Mittelpolen wurde dafür ausgewählt. In dieser Region lagen einige Städte mit großem jüdischen Bevölkerungsanteil. In Warschau allein lebten eine halbe Million Juden, die größte jüdische Bevölkerung von allen Städten der Welt, von New York abgesehen. Alle außerhalb dieser polnischen Zentren lebenden Juden wurden mit der Bahn, auf Lastwagen oder zu Fuß in die abgeschlossenen Gettos jener Städte gebracht.

Lublin beispielsweise wurde der Sammelpunkt für Juden aus Westpolen, aus Böhmen und Österreich. Vor dem Krieg hatte Lublin 40 000 Juden beherbergt, jetzt wurde ein Vielfaches dieser Anzahl im Getto zusammengepfercht. Der Journalist S. Moldauer beschrieb, was er auf den Straßen sah: »Lublin ist ein Tal der Tränen. Die dort durch die Straßen gehen, sind keine menschlichen Wesen mehr; sie sind Phantome, Schatten in einer gespenstischen Welt. Niemand redet in Lublin, niemand tauscht Grüße aus. Sie haben selbst zu weinen aufgehört ... Enge, Gestank, Armut, Krankheit, Chaos, die in Lublin herrschen, finden nirgends in der Welt ihresgleichen. Menschen leben auf den Straßen, in Viehställen, in Kellern, auf Pferdewagen und in den Trümmern zerstörter Häuser.

Menschen sterben in den Nebengassen wie Fliegen, werden wie Brennholz am Straßenrand aufgestapelt. Särge gibt es nicht ... Die gesamte Innenstadt ist von Stacheldraht umspannt, die Nazis gestatten keinen Durchgang. Das Wasser ist verdorben und nicht mehr trinkbar. Alle Brunnen sind verseucht. Cholera und Typhus waren bereits ausgebrochen, als wir Lublin erreichten ... Die kommunale Küche hat nichts anderes zu bieten als Kartoffelbrühe und hartes schwarzes Brot. Hunderte haben seit Wochen nicht mehr richtig geschlafen, man hat sie in überfüllte Güterwagen gesperrt. Man sieht Menschen mit traurigen Augen benommen und ziellos umhergehen wie Trauernde bei einem Begräbnis ... Eines ist klar wie der Tag: Selbst der Teufel hätte eine solche Hölle nicht erfinden können.«

Viele Juden in Lublin und in den anderen Gettos verhungerten. Das war billiger, als sie zu erschießen. Die Ernten der besetzten Länder wurden von den Nationalsozialisten beschlagnahmt und nach Deutschland geschafft.

Die »nützlichen« Gettojuden – jene also, die noch arbeiten konnten – wurden zur Zwangsarbeit eingesetzt, um die Trümmer des Krieges zu beseitigen. Für Großeinsätze errichteten die Nazis jetzt auch Konzentrationslager für die Arbeitssklaven. Die Insassen hoben Gräben und Kanäle aus, bauten Straßen und Eisenbahnen, machten Land urbar. Fabriken wurden in der Nähe der Lager errichtet oder Lager in der Nähe von Fabriken. Jüdische Sklavenarbeit wurde für den Flugzeugbau, für Stahlproduktion, in Munitionsfabriken und in Uniformschneidereien nutzbar gemacht – für alles, was die Deutschen brauchten. Aber bis zur Mitte des Jahres 1944 war die jüdische Arbeitskraft fast völlig aufgezehrt – durch Überarbeitung, Hunger und Erschießungen. So wertvoll ihre Arbeit für militärische Zwecke auch sein mochte – Hitlers Hauptziel blieb die Ausrottung der Juden.

Die »unproduktiven« Juden, die schwachen, kranken und alten, wurden erschossen oder dem Hunger- oder Seuchentod überlassen. Kugeln waren zu wertvoll, Hunger bezwang seine Opfer zu langsam. So lange konnte Hitler nicht warten. Deshalb wurde Gas eingesetzt. Juden wurden in Busse mit verklebten Fenstern gezwängt, und das Kohlenmonoxyd der Auspuffgase wurde in das Wageninnere geleitet. Dann wurden die Busse zu Gruben gefahren, die Türen wurden geöffnet, die Leichen hinausgeschaufelt.

Adolf Eichmann – einst Handelsvertreter einer Ölgesellschaft, jetzt Nazi-Bürokrat und für »Jüdische Angelegenheiten« zuständig – beobachtete die Vergasung in Lodz. »Zu langsam«, sagte er. So entwickelte der Erfindungsreichtum deutscher Techniker innerhalb weniger Monate eine Möglichkeit, den Tötungsprozeß zu beschleunigen. Ein Produkt namens Zyklon B. wurde in Form bläulicher Kugeln in kleine Kanister gefüllt und durch Deckenöffnungen in die neu konstruierten Tötungskammern eingeführt. Die Zyklonkugeln verwandelten sich in Gas. Es wirkte schnell. Innerhalb von drei bis fünfzehn Minuten, je nach den klimatischen Bedingungen, waren alle Menschen in den Kammern tot. Hitlers Experten hatten die wirksamste Möglichkeit gefunden, die Welt von Juden zu befreien.

Was aber sollte mit den Leichen geschehen? Anfangs hatte man sie in Massengräbern beigesetzt. Aber der Gestank verwesender Leichen breitete sich kilometerweit aus. Und als die Mordzahlen stiegen, wurde der Flächenbedarf für die Gräber enorm. (Außerdem lieferten die Massengräber Beweise für Massenmorde.) Verbrennungen waren die Lösung. Riesige Krematorien wurden gebaut. Aber im Jahre 1944, als täglich über 10000 Juden vergast wurden, konnten die Verbrennungsöfen die Leichenberge nicht mehr bewältigen. So ersann man eine billigere und schnellere Methode: Die Leichen wurden in offenen Gruben verbrannt. Neue Vernichtungsrekorde wurden auf diese Weise möglich. In Auschwitz wurden durch den Einsatz von Tag- und Nachtschichten alle 24 Stunden 34 000 Menschen getötet.

»In jener Zeit«, schrieb Elie Wiesel, »herrschte Finsternis überall. Im Himmel und auf Erden schienen alle Tore des Mitleids verschlossen zu sein. Die Mörder mordeten, die Juden starben, und die Außenwelt nahm eine Haltung entweder der Mittäterschaft oder der Gleichgültigkeit ein. Nur wenige hatten den Mut, etwas zu tun.«

2 Die Gräfin Maruschka

Manchen war es nicht gleichgültig, was den Juden widerfuhr, und sie hatten den Mut zum Handeln. Das galt auch für Berlin, das Zentrum der nationalsozialistischen Herrschaft. Hier wurden die Pläne für den Massenmord geschmiedet, hier traf Hitler Tag für Tag, Monat für Monat, Jahr für Jahr seine Maßnahmen gegen die Juden. Um völlig zu verstehen, wie das geschehen konnte, muß man sich klarmachen, daß nur *wir* wissen, wie alles endete. Die damals in Deutschland lebenden Menschen kannten den Ausgang nicht. Für Juden wie für Christen waren die Schritte zur Ausrottung völlig neu. Die Realität erschütterte sie, lähmte ihre Gedanken. »Kann alles, was geschieht, denn überhaupt wahr sein?« Es war unglaublich, weil es niemals zuvor dergleichen gegeben hatte. Unter diesem Blickwinkel muß man betrachten, was die Juden in dieser furchtbaren Zeit taten, was Christen taten oder unterließen.

Richten wir den Blick auf Berlin, die Hauptstadt Hitlers. Ungefähr 160 000 Juden lebten im Jahre 1933 in Berlin, als die Nationalsozialisten die Macht übernahmen. Knapp sieben Jahre später, kurz vor Beginn des Zweiten Weltkrieges, gab es noch etwa die Hälfte davon. Die übrigen waren ins Ausland emigriert, waren verschwunden, hatten Selbstmord begangen oder waren ermordet worden. Die Vernichtung der Juden fand zwar auch in diesen sieben Jahren schon statt, ging aber noch langsam voran.

Als die Tötungszentren in Polen eingerichtet wurden, wurden die Juden deportiert. Selbstverständlich sprachen die Nationalsozialisten dabei lediglich von einer »Rücksiedlung« der Juden in den Osten. Die deutschen Juden gehörten zu den ersten in Europa, die in den Osten verbracht wurden, denn die Nationalsozialisten brannten darauf, möglichst bald auch den letzten Juden aus Deutschland zu entfernen.

Im Frühjahr 1942 lebten noch etwa 40 000 Juden in Berlin. Ein Jahr später hatten weitere Deportationen und Selbstmorde diese Zahl auf 4 000 sinken lassen. Joseph Goebbels, Hitlers Reichsminister für Propaganda und Gauleiter von Berlin, geriet selbst über diese geringe Zahl noch in Zorn. In seinem Tagebuch klagte er, die Pläne bezüglich der Juden seien vorzeitig bekannt geworden, so daß viele Juden sich dem Zugriff hätten entziehen können; sie trieben sich jetzt wohnungslos in Berlin herum, seien nicht polizeilich gemeldet und stellten selbstverständlich eine erhebliche öffentliche Gefahr dar. Er befahl, alles Erdenkliche zu tun, um diese Juden einzufangen.

Wo waren sie? Wie war es ihnen gelungen, sich so lange im Untergrund zu verbergen? Manche hatten sich selbst und ohne fremde Hilfe erfolgreich verstecken können. Andere aber hatten es Nichtjuden zu verdanken, daß sie noch am Leben waren.

Welche Hilfe konnten Nichtjuden den Verfolgten leisten? Sie konnten sie in ihrer eigenen Wohnung verstecken, konnten falsche Pässe beschaffen, um Identitäten zu verschleiern, konnten Juden außer Landes schmuggeln.

Es gehörüte Mut dazu, Juden zu verstecken, denn man riskierte damit das eigene Leben und das der eigenen Familie. Aber es gehörte noch mehr als nur Mut dazu. Man mußte ein geeignetes Versteck finden und in der Lage sein, es geheimzuhalten. Man wußte auch, daß ein Überleben oft nur durch häufigen Wechsel des Verstecks ermöglicht wurde. Verbarg man Juden in einer Privatwohnung in der Stadt oder auf dem Lande, so konnten mißtrauische Nachbarn etwas bemerken und verraten. Und wie stand es mit der Ernährung versteckter Menschen? In den Städten war es vielleicht möglich, geringe Lebensmittelmengen auf den vereinzelt vorhandenen schwarzen Märkten zu beschaffen. In kleinen Orten war das weit schwieriger. Und wenn es, was oft der Fall war, in den Verstecken keine Toiletten gab, ergaben sich neue Probleme. Und was tun, wenn eine schwangere Frau gebären sollte? Wo sollte man einen Arzt für einen erkrankten Juden auftreiben? Wie begrub man einen im Versteck gestorbenen Menschen? Was konnte geschehen, wenn ein kleines Kind weinte, wenn ein nicht eingeweihter Nachbar ins Haus kam, wenn die SS schnüffelte?

Not macht erfinderisch. Verstecke wurden in Doppelwände eingebaut, Zwischendecken eingezogen, Bodenkammern und Kellerräume geschickt getarnt. Juden wurden in Büros und Fabriken versteckt, in Klöstern, Kirchen und Krankenhäusern, auf Friedhöfen, in Ställen, Taubenschlägen, Heuschobern und Gewächshäusern.

Wenn die Überfüllung in den Verstecken zum Problem wurde, lösten sich die Juden im Stehen, Knien, Kauern und Schlafen ab. Kleine Kinder wurden in Kartons, in Müllkübeln, in Körben und Backöfen verborgen.

Selbstverständlich wußte die Gestapo, daß Tausende versteckt lebten. Ihre Beamten durchforschten alle erdenklichen Winkel, brachten andere dazu, für die Gestapo auf Judenjagd zu gehen. Nichtjuden waren zur Zusammenarbeit bereit, weil sie mit der Politik der Nationalsozialisten übereinstimmten oder weil sie die Juden haßten. Manche machten ein Geschäft aus der Judenjagd oder nahmen besondere Vergünstigungen dafür an. Für die Auslieferung eines Juden zahlte die Gestapo mit Zucker, Schnaps, Zigaretten oder Bargeld. Die Preise für eine Menschenseele waren unterschiedlich.

Menschen, denen nachgewiesen wurde, daß sie Juden versteckt hatten, mußten ebenfalls ihren Preis zahlen. Für gewöhnlich wurden sie auf der Stelle erschossen oder öffentlich erhängt, um anderen als Warnung zu dienen.

Was konnte ein Jude in diesen tragischen Zeiten in einem Nichtjuden ansprechen? Nur »Gefühle der Gnade, des Mitleids, der liebevollen Freundlichkeit«, wie Yehuda Bauer, ein Historiker des Holocaust, schreibt. »Mancherorts begegnete er Menschen mit diesen Eigenschaften, anderenorts nicht. Er hatte keinerlei Möglichkeit, an andere Gefühle oder praktische Erwägungen zu appellieren ... Die Juden waren machtlos, und der allgemeine europäische Hintergrund des Antisemitismus sorgte dafür, daß die Juden sich nur in sehr geringem Maße auf eine menschliche Haltung ihnen gegenüber verlassen konnten.« Und doch fährt Bauer fort: »In der Finsternis der nichtjüdischen Haltung gegenüber den Juden strahlten jedoch auch helle Lichter. Wo schwärzeste Finsternis herrschte, leuchteten diese Lichter, so wenige es auch sein mochten, desto heller. Schließlich zählte jenseits aller politischen und religiösen Überzeugungen das grundlegende moralische Empfinden.«

Heute wissen wir, daß es möglich war, Juden zu retten, denn einige Juden haben den Holocaust überlebt. Und wieder müssen wir uns in jene Zeit zurückdenken, um zu verstehen, wie die Menschen das Geschehen rund um sich aufnahmen. Die Morddrohungen der Nationalsozialisten kamen den Juden bis zur »Kristallnacht« im November 1938 nicht sehr realistisch vor. Selbst danach glaubten die meisten deutschen Juden nicht, daß sie von der völligen Ausrottung bedroht waren, bis im Sommer 1942 Nachrichten von den Morden in den Wäldern am Rande der Gettos und in den

Gaskammern zu ihnen drangen. Dann erst begann ein Erwachen. (Die meisten polnischen Juden lebten zu dieser Zeit schon nicht mehr.) Aber das Wissen ist ein allmählicher Prozeß. Erst mußten Informationen die Juden erreichen, dann mußten sie geglaubt werden, dann mußte der Verstand die Verbindung zwischen den schrecklichen neuen Wahrheiten und einem möglichen Ausweg finden. Und erst ganz zuletzt konnte es dann vielleicht zu einer Entscheidung zum Handeln kommen – vielleicht, denn selbst in diesem Stadium war nicht jeder zum Handeln bereit oder in der Lage.

Das gilt auch für die Nichtjuden, die sich zunächst der Tatsache des Massenmordes an ihren jüdischen Mitbürgern bewußt werden mußten. Sie mußten erst davon hören, mußten es glauben, mußten entscheiden, was zu tun war. Manche Nichtjuden in Deutschland entschlossen sich zum Handeln und wurden zu »strahlenden Lichtern« in der schwärzesten Finsternis.

Nehmen wir zum Beispiel Frau Schmidt, eine Waschfrau in dem kleinen Ort Kreuzen. Sie hatte seit Jahren für die Familie eines jüdischen Arztes gearbeitet. In der Kristallnacht wurde der Arzt von der Gestapo verhaftet und in das Konzentrationslager Dachau gebracht. Seine Frau und seine Tochter, die ebenfalls eine Verhaftung fürchteten, verbargen sich in der Wohnung freundlicher Nachbarn. Jeden Tag brachte ihnen Frau Schmidt einen kleinen Korb mit Lebensmitteln, obwohl ihre beiden Söhne SS-Offiziere waren und nicht gezögert hätten, ihre Mutter anzuzeigen, wenn ihnen diese Hilfe für Juden bekannt geworden wäre.

Oder nehmen wir Christine und Robert, Besitzer einer Bäckerei in einer Kleinstadt. Zu Beginn der Nazizeit, als den Kaufleuten verboten wurde, an Juden zu verkaufen, buken sie auch weiterhin jeden Freitag ungesäuertes Brot und lieferten es im Schutze der Dunkelheit, damit die Juden ihr Sabbatmahl halten konnten.

Im nationalsozialistischen Deutschland waren alle Kaufleute angehalten, in ihren Schaufenstern Schilder mit der Inschrift »Juden sind hier unerwünscht« anzubringen. Manche bedienten jedoch gleichwohl Juden am späten Abend. Bisweilen kauften auch Nichtjuden mit dem stillschweigenden Einverständnis der Kaufleute zusätzliche Lebensmittel ein. Pakete wurden auf Türschwellen gelegt oder durch Fenster und über Zäune geworfen. Auf diese Weise halfen gute Menschen ihren jüdischen Nachbarn, eine Zeitlang zu überleben – bis auch sie der Deportation und den Todeslagern anheimfielen.

Hans Hirschel, ein vierzigjähriger Jude, war Wissenschaftler, Autor und Verleger. Anfang 1942 lebte er versteckt in Berlin. Er ließ sich einen Bart wachsen, trug eine dunkle Brille und wurde von Maria von Maltzan, die er Maruschka nannte, in einer Wohnung verborgen. Die Gräfin (geboren in der Herrschaft Militsch/Schlesien), liebte Deutschland, haßte die Nazis und war bereit, alles zu tun, um ihre Herrschaft zu beenden. Mit ihrem Bruder, einem überzeugten Nationalsozialisten, der Erbe des Familiengutes war, hatte sie gebrochen. Während sie als Naturwissenschaftlerin an ihrer Promotion arbeitete, hatte sie zwei ausgesprochenen Antinazis, einem Priester und einem Professor, geholfen, der Verhaftung zu entgehen und aus Deutschland zu entkommen. Im Untergrund war sie schon tätig, ehe sie Hans Hirschel begegnete.

Als sie im Jahre 1939 ihre Beziehung zu Hans Hirschel aufnahm, tat sie es hauptsächlich, um den nazistischen Rassengesetzen Widerstand zu leisten. Bald aber wurde daraus eine wirkliche Liebe. Nachdem Hans einen Selbstmord vorgetäuscht hatte, um die Polizei von seiner Spur abzulenken, zog er in Maruschkas kleine Wohnung. Dort stand ein Schrankbett. Wenn jemand kam, der nach Juden suchen wollte, konnte Hans hineinklettern und den Deckel über sich schließen. Verborgene Luftlöcher sorgten dafür, daß er atmen konnte. Hans versorgte den Haushalt, und Maruschka verdiente durch allerlei Gelegenheitsarbeiten und Schwarzmarkthandel den Lebensunterhalt für beide. Ihre Spezialität war der Verkauf falscher Dokumente: Personalausweise, Lebensmittelkarten, Bezugsscheine. Allein auf die Wohnung beschränkt, schrieb Hans Artikel, Buchbesprechungen, Hörspiele, sogar kürzere Bücher. Die Aufträge dafür hatte Maruschka unter ihrem Namen beschafft. Die Arbeiten, die Hans Hirschel schrieb, enthielten auch vorsichtige Kritik an den Nazis, die seltsamerweise von diesen nicht entdeckt wurde. Zwei Scotchterrier, die Maruschka ihm gekauft hatte, leisteten ihm Gesellschaft.

Schon früh wurden Hans und Maruschka von zwei schweren Schicksalsschlägen getroffen. Hans Hirschels Mutter wurde in ein Konzentrationslager gebracht, mit ihrem Tod war mit Sicherheit zu rechnen. Maruschka gebar Hans einen kränkelnden Sohn, der nach wenigen Tagen starb, als die Stromversorgung durch einen Luftangriff unterbrochen wurde und der Brutkasten im Krankenhaus ausfiel. (Ein schwedischer Freund, der in Berlin arbeitete, hatte sich als Vater des Babys ausgegeben.)

Manchmal wurde Hans' Einsamkeit dadurch unterbrochen, daß andere Juden auf dem Wege in andere Schlupfwinkel vorübergehend die Wohnung benutzten. Ein Klopfen an der Tür, und ein »Illegaler« trat ein und bat darum, ein paar Nächte bleiben zu dürfen, bis er weiterziehen konnte. Es war immer am besten, in Bewegung zu bleiben, um den Verfolgern nicht eine zu heiße Spur zu liefern.

Woher wußten diese Juden, daß sie in Maruschkas Wohnung Zuflucht finden konnten? Allmählich fand Hans heraus, daß Maruschka zur Widerstandsbewegung in Berlin gehörte. An manchen Abenden kam sie erst sehr spät oder gar nicht nach Hause, ohne dafür eine Erklärung zu geben. Es war Maruschka keine andere Wahl geblieben, als ihre Widerstandsarbeit vor Hans zu verheimlichen. Auf diese Weise konnte er im Falle einer Verhaftung durch die Gestapo auch unter der Folter keine Geheimnisse preisgeben.

Offiziell war Maruschka die Gräfin Maltzan, ein geschätzter Gast in der Berliner Gesellschaft. An solchen Abenden aß sie zur Abwechslung gut und sammelte obendrein Informationen, die für den Widerstand wertvoll waren. Hierbei handelte es sich nicht um »Widerstand« im Sinne von Sabotage und Mordanschlägen, sondern vielmehr um Unterstützung für Flüchtlinge, zumeist für Juden, aber auch für andere politisch Verfolgte.

Einmal begleitete Maruschka zwei verkleidete Juden mit dem Zug aus Berlin hinaus und brachte sie in einen Wald, wo sie einen Güterzug besteigen konnten. Ein eingeweihter Lokführer und die Zugbegleitung hatten auf einer entlegenen Strecke zu diesem Zweck angehalten. Zwei Möbelkisten wurden geöffnet und geleert, und die Juden verbargen sich darin. Die Kisten wurden wieder verschlossen, und dann rollte der Zug weiter bis in den Lübecker Hafen. Dort wurden die Kisten auf einen Frachtdampfer verladen und erreichten am nächsten Tag das nazifreie Schweden.

Die meisten Menschen, die dem deutschen Widerstand halfen, konnten nur ein wenig Geld oder eine Unterkunft für eine Nacht oder zwei zur Verfügung stellen. Deutsche und skandinavische kirchliche Gruppen mit ihren umfassenderen Verbindungen konnten oft bedeutende Hilfe leisten. Im Ausland wurden Gelder gesammelt, mit denen man SS-Führer bestechen konnte, bestimmte Gefangene zu befreien, von denen viele auch Juden waren. Maruschka unterhielt vor allem Beziehungen zur schwedischen Kirche in Berlin. Sie wurde in die geheime Widerstandsgruppe aufgenommen, als der Pfarrer erfuhr, daß diese Gräfin mit wichtigen gesellschaftlichen und politischen Beziehungen Menschen helfen wollte, die nach Fluchtmöglichkeiten suchten. Einer der Mitarbeiter Maruschkas war Eric Wesslen, ein Gemeindearbeiter, dessen eigentliche Aufgabe es war, Menschen von der SS freizukaufen. Oft erfuhr Maruschka zuerst, daß bestimmte Menschen von der SS festgenommen waren. Sie gab ihre Informationen an Wesslen weiter, der dann die nächsten Schritte unternahm. Maruschkas Aufgabe war es, für diese Menschen ein zeitweiliges Versteck zu finden, während Wesslen sich darum kümmerte, sie aus Deutschland hinauszuschaffen.

War die Befreiung solcher Gefangenen gelungen, so mußten sie nicht nur verpflegt und untergebracht werden, sondern sie brauchten auch falsche Papiere, die ihre Berechtigung nachwiesen, in Berlin zu wohnen und zu arbeiten. Maruschka kannte einen chinesischen Drucker, der solche Fälschungen herstellen konnte. Dann mußten diese Dokumente mit amtlichen Stempeln versehen werden. Eine Zeitlang erledigte Maruschka das selbst, indem sie Stempelabdrucke von alten Dokumenten abnahm, die sie auf dem schwarzen Markt erworben oder gestohlen hatte. Später verschafften ihr Schweden ein gefälschtes Dienstsiegel, das ausgezeichnete Dienste verrichtete.

Als mit der längeren Dauer des Krieges die Bombenangriffe auf Berlin zunahmen, wurde Maruschkas Arbeit noch gefährlicher. Aber die Bomben zerstörten auch Polizeidienststellen, vernichteten Akten und erleichterten es, Juden ohne Papiere eine neue Identität zu beschaffen.

Als die Stadt in Ruinen zerfiel, begannen viele illegale

Juden zu glauben, daß sie den Krieg überleben könnten. In Kellerlöchern, Dachkammern und Wandschränken lange eingesperrt, wurden sie verständlicherweise unvorsichtiger. Zum erstenmal seit Jahren wagten sie sich auf die Straßen, und allzuoft wurden sie alsbald entdeckt und verhaftet.

Einmal betraten zwei Gestapoleute Maruschkas Wohnung und behaupteten zu wissen, daß sie dort Juden verborgen hielte. Dann durchsuchten sie die Wohnung und versuchten auch, den Bettkasten zu öffnen, in dem sich Hans im letzten Augenblick verborgen hatte. Als sie damit nicht zurechtkamen, verlangten sie von Maruschka, sie solle ihn öffnen. Sie weigerte sich heftig und sagte, die Gestapoleute könnten in den Bettkasten schießen, um festzustellen, ob jemand darin versteckt sei. »Aber den Polsterstoff und die Reparatur werden Sie bezahlen müssen!« warnte sie. Die Männer, von ihrer Sicherheit beeindruckt, sahen sie unschlüssig an. Dann wandten sie sich um und gingen hinaus. Hans hatte alles gehört. Er war so mitgenommen, daß er das Bett nicht ohne Maruschkas Hilfe verlassen konnte. Sie ließ sofort die Warnung verbreiten, daß alle Illegalen ihre Wohnung meiden sollten. Hans mußte fort.

Freunde auf dem Lande erklärten sich bereit, ihn aufzunehmen. Er schlich aus dem Hintereingang und durch einen verborgenen Gang an den Posten der Gestapo vorbei. Noch zwei Wochen beobachteten sie das Haus, dann gaben sie auf. Hans kam wieder zurück.

Maruschka setzte ihre Arbeit inmitten des Gestanks unbestatteter Leichen fort, die jetzt nach jedem Luftangriff auf den Straßen Berlins lagen. Erdbestattungen waren nicht mehr möglich; Leichen wurden gestapelt und verbrannt. Im Frühjahr 1945 standen sowjetische Truppen am Rande Berlins. Militärische Vorräte wurden auf Pferdewagen durch Berlin transportiert. Die Energieversorgung war zusammengebrochen. Pferdekadaver lagen auf den Straßen. In der Nacht kamen die hungernden Berliner aus ihren Häusern und zerteilten die Pferde, um sich davon zu ernähren.

Wer auf der Straße angetroffen wurde, wer wie ein möglicher Deserteur aus der Wehrmacht aussah und verdächtige Papiere vorzuweisen hatte, wurde von den Nationalsozialisten erschossen.

Doch eines Tages endete das Schießen. Der Krieg war vorüber. Hans nahm sich den Bart ab. Bald darauf waren er und Maruschka verheiratet.

Maruschkas Geschichte ist nur eine von vielen, die erzählt werden könnten. Ohne die Menschlichkeit solcher Nichtjuden wären noch viele Juden mehr ums Leben gekommen. Als der Krieg endete, kamen in Berlin über 1 100 Juden aus den Verstecken hervor, in denen sie von nichtjüdischen deutschen Nachbarn beschützt worden waren. Die rassistischen Lehren der Nationalsozialisten hatten nicht jeden deutschen Verstand umnebelt. Berichte von SS-Dienststellen, die erst lange nach dem Kriege ausgewertet wurden, sagen etwas über die Stimmung der Deutschen während der Hitlerzeit aus. Diese Berichte deuten darauf hin, sagt Yehuda Bauer, »daß es mehr Gleichgültigkeit, Unbehagen und Hilflosigkeit hinsichtlich des Schicksals der Juden gab, mehr Fucht vor den Nazibehörden als aktive Zustimmung zu ihrer Politik.«

3 Für Freunde oder Fremde

Was widerfuhr den Juden in Polen, dem ersten Land, das von der deutschen Wehrmacht überrannt wurde? Nach kaum drei Wochen hielten die Nationalsozialisten Polen in ihrem eisernen Griff. Für Hitler waren die Polen Untermenschen, nur als Sklaven brauchbar. Aber die Juden unter ihnen standen noch tiefer – sie waren bloße Bazillen.

Im Jahre 1939 betrug der jüdische Anteil an der polnischen Bevölkerung zehn Prozent: 3,3 Millionen Menschen, die stärkste jüdische Gruppe in Europa. Zwei Millionen polnischer Juden fielen sofort in die Hände der einfallenden Wehrmacht. (Der Rest geriet unter russische Herrschaft, als Stalin aufgrund seines Vertrages mit Hitler von Osten her in Polen einmarschierte.) Die beiden Mächte teilten das Land unter sich auf, der polnische Staat existierte nicht mehr. Zwei Jahre später, am Ende des Winters 1941/42, waren 90 Prozent der von den Deutschen ergriffenen Juden tot.

Das Schicksal der Juden während des Holocaust hatte viel mit der Einstellung der Christen der jeweiligen Länder zu ihren jüdischen Mitbürgern zu tun. Die polnischen Juden waren die am wenigsten assimilierten in Europa. Ihr Aussehen, ihre Kleidung, ihr Verhalten unterschieden sich von dem der polnischen Christen. Das lag zum Teil daran, daß die orthodoxen polnischen Juden gewisse alte Rituale bewahrten und die in den alten Schriften vorgeschriebene Kleidung trugen. Dann lebten die meisten Juden in den Städten, während die Mehrheit der Polen in ländlichen Gebieten wohnte.

Nur wenige Juden betrieben Landwirtschaft; die meisten arbeiteten für geringen Lohn in Handel und Industrie. Und für die meisten Juden war nicht Polnisch, sondern Jiddisch ihre Hauptsprache.

In den Vorkriegsjahren hatte ganz Polen große wirtschaftliche Not gelitten. »Polens Juden«, so schrieb die *London Jewish Chronicle* im Jahre 1937, sind »eine hilflose Minderheit, die in so quälende Not, in so bedrückendes Elend abgesunken ist, daß es auf der ganzen Welt nichts Vergleichbares gibt.« Die Not der polnischen Juden wurde noch durch eine gewaltige Welle des Antisemitismus verschlimmert, der sie für alles Übel verantwortlich machte und sich in wirtschaftlichen Boykotts, allgemeiner Diskriminierung und in Pogromen äußerte. Katholische Priester, von denen die meisten Antisemiten waren, beschuldigten die Juden, die polnische Moral zu untergraben und verstärkten so noch das nationalsozialistische Gift. Parteien der politischen Rechten forderten die Ausweisung aller Juden, und die meisten Polen unterstützten diese Forderung.

Mit dem deutschen Einmarsch entstand eine neue Welle antisemitischer Propaganda. Sie erleichterte es, die nazistische Massenmordpolitik in die Tat umzusetzen. Juden wurden hinter Gettomauern gesperrt und damit von ihren christlichen Nachbarn getrennt. Polen wurden ermuntert, jüdische Wohnungen zu plündern, sich Möbel, Kleider und alles Wertvolle anzueignen, sobald die Juden vertrieben waren. Polen, die davon profitierten, hofften selbstverständlich, daß die Juden nicht wiederkehrten und ihren Besitz zurückforderten.

Und doch: Obgleich der Antisemitismus weit verbreitet war, obwohl Verrat und Unmenschlichkeit sich ausbreiteten, gab es eine kleine Minderheit, die ihr Leben einsetzte, um den jüdischen Nachbarn zu helfen. Tapferkeit und Edelmut dieser Minderheit ermöglichten es 43 000 Juden, sich im Jahre 1942 in Warschau zu verbergen. In Polen war es weit schwieriger als in anderen europäischen Ländern, einem Juden zu helfen. Wenn in Polen jemand einem Juden half, so wurden ganze Familien und Nachbarschaften wegen dieser »Kollektivschuld« bestraft. Kinder wurden vor den Augen ihrer Eltern erschossen, bevor auch diese exekutiert wurden. In einem Dorf sperrten Nazis dreiunddreißig Polen und die Juden, denen sie hatten helfen wollen, in drei Häuser und verbrannten sie bei lebendigem Liebe. Ein anderes Dorf, in dem die Bewohner etwa hundert Juden im nahen Wald Schutz und Nahrung gewährt hatten, wurde in Brand gesetzt, und die Bewohner wurden gezwungen, in ihren Häusern zu bleiben, bis alle tot waren.

Vor diesem Hintergrund muß man sehen, was polnische Christen taten, um Juden zu retten. Erstens wußten sie, daß viele Nationalsozialisten jeden vernichten würden, der eine solche Hilfe versuchte. Zweitens rief jede hilfreiche Geste für Juden Feindschaft und Verachtung ängstlicher Nachbarn hervor, die vielleicht sogar die Helfer bei der Gestapo anzeigten.

Betrachten wir die Geschichte der Carola Sapetowa, einer Christin aus einem Dorf in der Nähe von Krakau. Sie kam in die Stadt, um im Haushalt der jüdischen Familie Hochheiser zu arbeiten. Als die Nazis in Polen einfielen, wurde Herr Hochheiser erschossen, seine Frau und die drei kleinen Kinder wurden ins Getto gesperrt. Eines Tages wurde das Krakauer Getto geschlossen. Die Transporte in die Todeslager wurden zusammengestellt. Carola lief zum Tor des Gettos, um die Familie noch einmal zu sehen, die sie als »meine eigene« betrachtete. Frau Hochheiser entdeckte sie und flüsterte ihren beiden kleinsten Kindern, dem kleinen Samusch und der kleinen Salinscha, zu: »Lauft zu Carola!«

Die beiden Kleinen huschten an den schweren SS-Stiefeln vorbei in die Arme der jungen Polin.

Carola verließ Krakau und nahm die beiden Kinder mit in ihr Heimatdorf, wo ihr Vater sie alle aufnahm. Sie ließ die Kinder nicht aus dem Hause, doch als die Nachbarn herausfanden, daß sie Juden verborgen hielt, bedrohten sie Carola. Man sagte ihr, sie solle die Kinder der Gestapo übergeben, sonst werde noch das ganze Dorf niedergebrannt und alle Bewohner würden umgebracht. »Wenn du es nicht tust, dann bringen wir die Kinder selber um!« Eine Zeitlang konnte sie die aufgebrachten Nachbarn durch allerlei Bestechungen zum Schweigen bringen. Doch bald begann alles wieder erneut.

Eines Tages setzte Carola die beiden Kinder auf einen Handwagen und zog sie in aller Offenheit durch das Dorf. Jedem, der es hören wollte, erklärte sie, sie wolle die Kinder ertränken. Man glaubte ihr. Am Abend schmuggelte sie die Kinder ins Dorf zurück und bezahlte einen Nachbarn dafür, daß er ihnen in seinem Heuschober ein Versteck einräumte. Während der langen, heißen Sommermonate blieben die Kinder dort und wurden heimlich verpflegt. Der Mangel an frischer Luft und die ständige Dunkelheit, der Staub und die Angst ließen sie krank werden. Als Carola das Geld ausging, um für das Versteck zu bezahlen, verbarg sie die Kinder im Stall ihres Vaters, bis der Krieg vorüber war. Als sie erfuhr, daß Frau Hochheiser und ihr ältestes Kind in einem Lager umgekommen waren, zog sie die beiden Kinder als ihre eigenen auf.

Einige Frauen, die ebenso mutig waren wie Carola, halfen gemeinsam, einen Juden zu retten, von dem nur die Initialen Kh. K. bekannt sind. Als es im Herbst 1942 zu Massenerschießungen polnischer Juden kam, verlor Kh. K. seine Mutter, zwei Schwestern, zwei Nichten und andere Verwandte. Wie er selbst überlebte, erfahren wir aus seiner nach dem Krieg niedergeschriebenen Zeugenaussage.

»Am 4. September 1942 sagte mir die nichtjüdische Frau Kuzaniak, die vor dem Krieg unsere Nachbarin gewesen war, ich dürfe mich nicht nach Bubasko bringen lassen, denn dort sollten wir alle umgebracht werden. Sie hatte das von ihrem Sohn erfahren, der bei der Polizei war, und sie sagte mir, ich müsse fliehen. Sie sagte auch, mit meinem blonden Haar könne ich gut als Nichtjude durchkommen. Ich tat, was sie mir geraten hatte. Ich sprang von dem Güterwagen, der uns zum Tötungsort schaffte. Die Dunkelheit brach an, und ich rannte mit meiner Freundin Rachel Scheiwis in die Felder. Wir gingen immer querfeldein, bis wir an die Felder kamen, die *Lasy Podkarpackie* genannt werden. Eine christliche Frau, Stanislawa Laskowska, hatte Mitleid mit mir. Sie wohnte im Dorf Dlugie. Vor dem Krieg war sie oft zum Einkaufen in unseren Laden gekommen. Erst hat sie mich zehn Tage lang in ihrer Scheune versteckt, dann habe ich lange in ihrem Stall gehaust. Sie hat mir zu essen gegeben.

Wenn das Dorf durchsucht wurde, hat sie mich in den Wald geschickt, aber sie hat immer Essen für mich an Stellen versteckt, an denen ich es mir in der Dunkelheit holen konnte. Bei gutem Wetter versteckte ich mich unter den Bäumen im Wald, aber im Winter verkroch ich mich in eine Höhle. Als die Frau erfuhr, daß für einige Zeit Ruhe herrschen würde, nahm sie mich mit in ihre Wohnung. Dort habe ich mich gewaschen. Ich habe sogar in ihrem Bett geschlafen. Sie hat viele Opfer für mich gebracht. In unsicheren Zeiten, wenn ich nur mit einem Stück Brot in einem Taschentuch im Stall lag, huschten die Mäuse über mich hinweg und machten sich über mein Brot her, ehe ich es essen konnte.

Einmal, als ich mich mit einer Gruppe von zehn Leuten im Wald versteckt hielt, wurden wir überfallen. Das war während eines heftigen Sturms. Es war bitter kalt, und es lag tiefer Schnee. Ich konnte nur noch einen Schuh anziehen, ehe ich weglief. Deshalb sind von meinem rechten Fuß zwei halbe Zehen abgefroren. Verbandszeug hatte ich nicht, aber ich wickelte meinen Fuß in einen Lumpen und ließ ihn von Januar bis April darum. Erst dann habe ich versucht, den Lumpen wieder abzunehmen. Dabei sind auch Stücke meiner Zehen abgefallen. Dann hat die Frau Laskowska sich um mich gekümmert. Nur durch ihre Güte habe ich den Holocaust überlebt. Danach mußte ich noch viel umherziehen, ehe ich befreit wurde.«

Manchmal halfen nichtjüdische Retter ihren jüdischen Freunden, aber manche wagten ihr Leben auch für völlig fremde Menschen. Ein alter polnischer Bauer beherbergte einen Juden, den er kannte. Als dieser ihn fragte, ob er auch andere Mitglieder seiner Familie verbergen würde, konnte es ihm der Bauerr nicht abschlagen. Sie wiederum baten ihn, auch noch einige ihrer Freunde zu verstecken. Die Zahl der Menschen, die der Bauer aufnahm, wuchs und wuchs. Schließlich standen zweiundzwanzig Menschen unter seinem Schutz. Alle überlebten.

Jüdische Kinder waren bevorzugte Opfer der Nationalsozialisten. Hitler sah in der nächsten Generation die Verheißung (oder die Gefahr) einer jüdischen Zukunft. 1,5 Millionen jüdischer Kinder im Alter unter zwölf Jahren wurden in den Gaskammern getötet oder auf andere Weise umgebracht, viele davon vor den Augen ihrer Eltern. Einige Kinder wurden aber auch von ihren christlichen Lehrern, Kindermädchen oder Hausangestellten gerettet. Oder auch von völlig fremden Menschen. Als in der kleinen Stadt Mordy die Deportation der Juden begann, riß die Polin Elisabeth

Przewlocka, als die Wächter gerade nicht aufpaßten, ein ihr unbekanntes jüdisches Kind an sich und verbarg den kleinen Jungen, bis es ihr gelang, ihn in einem polnischen Waisenhaus in Warschau unterzubringen.

Eine andere Nichtjüdin, Juliana Larisch, betrieb ein Fleischwarengeschäft in Warschau und verwendete den größten Teil ihres Gewinns darauf, versteckten Juden zu helfen. Zehn Juden verbarg sie in ihrem eigenen Haus, und sie sorgte nicht nur für die Unterkunft. Körbeweise brachte sie ihnen Lebensmittel, Kleider und Bücher. Um den Verdacht zu entkräften, der dadurch entstehen konnte, daß sie häufig so große Mengen an Lebensmitteln mit heimnahm, lud Juliana häufig deutsche und polnische Kunden zu einem Imbiß in ihr Haus ein. Durch die dünnen Wände ihrer verborgenen Kammer konnten die gespannt lauschenden Juden die Tischgespräche hören, darunter auch niederträchtige antisemitische Bemerkungen. Einmal meldeten Julianas Angestellte der Gestapo, ihrer Vermutung nach hielte Juliana Juden in ihrem Hause versteckt. Daraufhin kam es zu einer Durchsuchung. Aber sie war viel zu vorsichtig, um irgendwelche Beweisstücke herumliegen zu lassen. Die Durchsuchung der Gestapo machte ihr keine Angst. Sie half auch weiterhin Juden, bis der Krieg vorüber war. Alles in allem rettete sie einundzwanzig Juden das Leben.

Was manche der Retter taten, klingt fast unglaublich. Pero, ein Hotelportier mittleren Alters, ist ein Beispiel dafür. Die Jüdin Malie Piotrskovska und ihre dreizehnjährige Tochter Bronka verloren eines Tages ihr Versteck und suchten verzweifelt nach einem neuen. Jugendliche denunzierten sie als Juden, und sie wurden zur Gestapo gebracht. Dort legten sie gefälschte Papiere vor, die sie als Nichtjuden auswiesen. Es gelang ihnen sogar, wenn auch stockend, Fragen zu beantworten, die ihre christlichen Kenntnisse prüfen sollten. Die Deutschen waren nicht überzeugt. Sie sagten, Mutter und Tochter müßten einen Polen beibringen, der bezeugen könne, daß sie Christinnen seien, sonst würden sie hingerichtet werden.

Pero war der einzige polnische Freund, der ihnen helfen konnte. Sie nannten seine Telefonnummer, und die Gestapo-Leute riefen ihn an und erklärten ihm, sie hätten zwei Frauen in Gewahrsam, die beschuldigt würden, Jüdinnen zu sein, was sie jedoch leugneten. Ob er am nächsten Vormittag komme könne, um für die beiden Frauen zu bürgen?

Malie und Bronka verbrachten eine entsetzliche Nacht in ihrer Zelle. Würde Pero es wagen, wirklich zu kommen? Er kam und wurde von der Gestapo ausgiebig verhört. Er stand zu seinen Freunden und behauptete, er habe sie schon lange vor dem Krieg als Christinnen gekannt. Die Deutschen belehrten ihn, daß auf einer Falschaussage die Todesstrafe stünde. Pero versicherte, er würde ein solches Risiko nicht auf sich nehmen, denn er kenne Mutter und Tochter tatsächlich als Christinnen. Endlich überzeugte er die Gestapo-Beamten, und die beiden Frauen wurden entlassen. »Sollten Sie künftig in ähnliche Schwierigkeiten geraten«, sagte einer der Beamten zu Malie, »dann melden Sie es uns. Wir werden uns der Sache annehmen.« Pero nahm die beiden Frauen bei sich auf. Später beherbergte er auch andere Juden.

Selbst ein von Grund auf antisemitischer Pole konnte noch einem Juden Hilfe leisten. Die junge Tochter eines armen Hufschmieds entdeckte eines Tages in einem Graben eine Frau, die sich in Stacheldraht verfangen hatte. Das Mädchen trat näher und sah, daß es sich um eine jüdische Frau handelte, die noch lebte und dringend Hilfe brauchte. Sie lief nach Hause und holte eine Drahtschere, befreite die

Frau und nahm sie mit heim zu ihren Eltern. Die nahmen die Jüdin auf und verbargen sie vor den Dorfbewohnern. Die christliche Familie gewann die Jüdin immer lieber, vor allem das junge Mädchen, das liebevoll von ihrem »Findling« sprach.

Aber Nachbarn wurden mißtrauisch. Wenn sie verraten wurde, mußte die ganze Familie sterben. Aber anstatt die Jüdin aufzugeben, beschlossen die Eltern, daß diese das Dorf gemeinsam mit der Tochter des Hufschmieds verlassen sollte, deren typisch polnisches Aussehen vielleicht beide schützen konnte. So zogen sie gemeinsam von Ort zu Ort und brachten es irgendwie fertig, zu überleben. Eines Tages fragte die Frau das Mädchen, was es von den Juden hielte. Die Antwort kam prompt:

»Oh, ich hasse sie! Die Juden sind schrecklich. Sie betrügen jeden. Dreckige Diebe sind sie. Juden sind wirklich eine Plage. Für das Passahfest fangen sie Christenkinder, bringen sie um und backen mit dem Blut ihr Osterbrot, die Matze.«

Die Jüdin gab sich die größte Mühe, dem Mädchen zu beweisen, daß diese Anschuldigungen unsinnig und falsch seien. »Du bist natürlich nicht so«, antwortete das Mädchen, »aber alle anderen Juden sind es.« Die Frau brach in Tränen aus. Das Mädchen umarmte sie und sagte: »Wein' doch nicht! Es tut mir weh, wenn ich dich so unglücklich sehe. Du weißt doch, daß ich dich lieber habe als eine Schwester. Aber du mußt auch verstehen, daß ich das alles von kleinauf gehört habe. Du kannst doch nicht erwarten, daß ich es plötzlich vergesse.«

Doch so stark seine Vorurteile auch waren, half das Mädchen auch weiterhin fremden Juden.

Auch andere Frauen halfen. Eine davon war Sophia. Sie verbarg mehrere Jüdinnen in ihrer Warschauer Wohnung, gab sie als ihre Krankenpflegerin, Näherin, Köchin und Hausangestellte aus. Ihre Wohnung verwandelte sie in eine Art Hauptquartier für die Juden im bewaffneten Untergrund. Freunde bei der Post brachte sie dazu, an die Gestapo gerichtete Briefe zu öffnen und alle Anzeigen von Denunzianten zu vernichten, die versteckte Juden verrieten.

Einige christliche Frauen unterstützten kämpfende jüdische Gruppen, hielten die Verbindung zwischen ihnen und der Außenwelt aufrecht und brachten Nachrichten von einem Getto zum anderen. Jadzia Duniec, eine junge Katholikin, die den Juden als Kurierin diente, wurde von den Nationalsozialisten gefangen und hingerichtet. Zwei Frauen, die schon über siebzig Jahre alt waren, Janina Plawczynska und Rena Laterner, trugen Meldungen zwischen jüdischen und polnischen Widerstandsgruppen in Warschau hin und her. Als der Aufstand im Warschauer Getto niedergeschlagen wurde, versteckten sie zehn Juden. Als man sie entdeckte, starben die beiden Frauen gemeinsam mit ihren Schützlingen.

Während manche Christen sich darauf konzentrierten, Juden in den Gettos zu helfen, kümmerten sich andere um jüdische Zwangsarbeiter in Fabriken und Arbeitslagern. Zygmunt Rostal entstammte einer großen polnischen Arbeiterfamilie und hatte wegen der chronischen Arbeitslosigkeit in Polen oft Hunger gelitten. Die Angehörigen seiner eng verbundenen Familie waren politische Radikale, und schon früh schloß sich Zygmunt einer linken Jugendgruppe an. Es war eine der wenigen in Polen, die auch Juden aufnahm, und Zygmunt wurde von seinen Klassenkameraden als »Judenfreund« beschimpft.

Im Krieg nahm Zygmunt Arbeit in einer Munitionsfabrik an, da er so den Juden helfen konnte, die dort zur Zwangsarbeit eingesetzt waren. Als Nichtjude konnte er sich überall in der Fabrik frei bewegen. Diese Freiheit nützte er, um Juden mit Lebensmitteln und Medikamenten zu versorgen. Sobald er etwas über Naziplane hinsichtlich der Juden erfuhr, gab er sein Wissen an seine Kontaktpersonen im Untergrund weiter. Seine Hauptaufgabe aber sah Zygmunt darin, verzweifelten jüdischen Arbeitern Mut zu machen, denn wer aufgab und in lustlose Apathie versank, wurde von den Nazis als nutzlos erschossen. Dreimal wurde Zygmunt erwischt, während er etwas für Juden tat, und jedesmal wurde er erbarmungslos verprügelt. Aber er gab nicht auf, bis die Deutschen die Fabrik schlossen.

Irene war neunzehn Jahre alt, als die Deutschen in Polen einfielen. Sie arbeitete in einem Krankenhaus, wurde von den Deutschen gefangen und nach Tarnopol geschickt, wo sie – weil sie deutsch sprach – im Offizierskasino bedienen mußte. Einsam und von ihrer Familie getrennt, freundete Irene sich mit zwölf jüdischen Gefangenen an, die in der deutschen Wäscherei arbeiteten. Daß es sich um Juden handelte, machte ihr nichts aus. »Wir litten alle dieselbe Not und hatten denselben Feind.« Was sie von den Deutschen hörte, gab sie an die Juden weiter, die es im Getto verbreiteten. Ihre Warnungen vor manchen Vorhaben retteten vielen Juden das Leben, die rechtzeitig in sichere Verstecke fliehen konnten.

Als Tod und Deportation das Getto leerten, flohen ihre zwölf jüdischen Freunde und baten sie um Hilfe. In ihrer kleinen Ein-Zimmer-Wohnung hatte sie keinen Platz, die Flüchtlinge zu verbergen. Sie betete um Hilfe, und am nächsten Morgen forderte »wie durch ein Wunder« ein älterer deutscher Major sie auf, ihm in einer geräumigen Villa, die er bewohnte, den Haushalt zu führen. Sie nahm die Arbeit an und brachte es fertig, die zwölf Juden über eine Kohlenschütte in den Keller einzuschleusen und sie dort versteckt zu halten. Wochenlang blieben sie dort, und Irene versorgte sie heimlich.

Eines Abends kam der Major unerwartet nach Hause und fand die Juden bei Irene in der Küche vor. Er traute seinen Augen nicht. Gerade erst hatten die Nationalsozialisten auf dem Marktplatz der Stadt sieben polnische Familien gemeinsam mit den jüdischen Familien erhängt, denen sie geholfen hatten. Er zerrte Irene in sein Arbeitszimmer und schrie sie an. Er habe ihr vertraut, habe sie beschützt. Wie habe sie nur etwas so Niederträchtiges tun können?

Irene sagte: »Ich weiß nur, daß sie meine Freunde sind. Ich mußte es tun. Eine eigene Wohnung, in die ich sie bringen konnte, habe ich nicht. Ich habe auch keine Familie. Ob Sie es mir verzeihen können oder nicht: Ich würde es wieder tun. Kein Mensch hat das Recht, einen anderen wegen seiner Religion oder seiner Rasse zu ermorden.«

»Aber Sie wissen doch, was Ihnen geschehen kann!« antwortete er. Beide hatten sie die Erhängten auf dem Marktplatz gesehen. Irene weinte. Er gab nach. »Aber das kann ich Ihnen nicht antun«, sagte er. »Ich kann die nicht sterben lassen.« Also ließ er alle in der Villa bleiben. Bald darauf mußte der Major fort, weil sich die Deutschen zurückzogen. Irene und die Juden flohen in den Wald, und drei Tage darauf traf die Rote Armee ein. Wenigstens von den Deutschen waren die Juden befreit.

Menschen wie Irene sahen die Juden nicht als Juden, sondern einfach als Menschen, die um ihr Überleben kämpften. Nicht ein Jude bat um Hilfe – jedenfalls nicht der Jude antisemitischer Wahnbilder – sondern ein verzweifelter, verfolgter Mensch. Ob es sich dabei um Fremde handelte, spielte keine Rolle. Aron Blum war ganz allein, hatte keine Papiere, kein Geld, keine Hoffnung, als er an Frank Dworskis Tür klopfte. Blum selbst erzählt, was geschah:

»Als ich zu ihm kam, kannte er mich nicht. Er kannte nicht einmal den Mann, der mich an ihn verwiesen hatte. Zur Begrüßung sagte er: ›An Brot wird es Ihnen in diesem Hause nicht fehlen.‹ Er war so arm wie ich, aber er teilte alles. Seine Hilfe betrachtete er als ganz natürlich. Er hatte Herz und Mut. Er beschaffte mir Papiere, fand Arbeit für mich, gab mir Unterkunft. Nach einiger Zeit fuhr er auf meine Bitte nach Lvov, um einen meiner Freunde zu holen, der ebenfalls Jude war. Um dies zu ermöglichen, fälschte er Papiere für meinen Freund. Während der Reise wurde er von Nazis durchsucht. In einer solchen Lage war es üblich, alle belastenden Beweisstücke wegzuwerfen. Er aber versteckte die Papiere. Dworski fürchtete sich nicht, obwohl er wußte, daß er dafür sein Leben verlieren konnte. Er wußte aber auch, daß er ohne diese Papiere meinen Freund nicht mitbringen konnte, und das wiederum konnte meinen Freund das Leben kosten. Dworski hatte Mut und Glück. Alles ging gut. Er brachte meinen Freund mit und nahm ihn in sein Haus auf wie jeden, der sich um Hilfe an ihn wandte. All das tat er, ohne jemals etwas dafür zu bekommen oder zu erwarten.«

4 Die Sünde, Juden zu verbergen

Die Einstellung ihrer christlichen Nachbarn war, wie Historiker übereinstimmend erklären, einer der wichtigen Einflüsse auf das Schicksal der europäischen Juden während des Holocaust. Betrachten wir noch einmal Osteuropa. Gerade haben wir uns mit Polen beschäftigt. Aber wie stand es mit den anderen Ländern in dem riesigen Gebiet, das von den Nationalsozialisten besetzt war? Die Lage war unterschiedlich. Insgesamt müssen wir jedoch nach allen Bekundungen sagen, daß im großen und ganzen die lokalen Bevölkerungen den Juden feindlich gesonnen waren und sogar mit den Nationalsozialisten gegen sie zusammenarbeiteten. Tausende von Juden – unbewaffnete Zivilisten nicht anders als bewaffnete Partisanen – starben, weil sie von Nichtjuden verraten wurden. Ein erheblicher Teil der Völker Osteuropas war bereit, sich der Juden zu entledigen. Was im dritten Kapitel über die Geschichte der christlich-jüdischen Beziehungen in Polen gesagt wurde, gilt weitgehend für ganz Osteuropa. Der Antisemitismus war stark und in der Mehrheit der Bevölkerung tief verwurzelt. Mit Zustimmung der Deutschen besetzte die sowjetische Armee im September 1939 die unabhängigen baltischen Staaten Estland, Lettland und Litauen. Als Hitler jedoch seinen Pakt mit Stalin 1941 brach und die Sowjetunion angriff, zog sich die Rote Armee aus diesen Ländern zurück. Noch ehe die Deutschen die Region besetzen konnten, wurden viele Juden in Litauen von Litauern ermordet. Ebenso war es in Lettland und in Teilen sowjetischen Gebiets. Nazioffiziere berichteten, die örtlichen Bewohner seien von Anfang an »verläßlich und von unschätzbarem Wert« bei der Vernichtung »von Bolschewiken und Juden« gewesen.

Mit den deutschen Armeen überflutete antisemitische Propaganda die besetzten Länder. Die Deutschen nutzten die tiefe Abneigung der ländlichen Bevölkerung gegen die kommunistische Herrschaft aus. Die nationalsozialistische Propaganda verknüpfte die Not der Bevölkerung mit dem Antisemitismus. Juden und Bolschewisten seien ein und dasselbe, wurde behauptet; wer sich des einen entledige, befreie sich auch vom anderen. Der Presse der Kollaborateure in den osteuropäischen Ländern war die Nazipropaganda sehr willkommen. Vielerorts folgten darauf antisemitische Pogrome. Ukrainer ergriffen die Initiative zur Errichtung von Konzentrationslagern für Juden. Vertreter der ukrainischen Zivilverwaltung schlugen den nationalsozialistischen Behörden »Aktionen« gegen Juden vor und führten sie nach erfolgter Zustimmung auch aus.

Es gehörte ein starker und unabhängiger Geist dazu, nicht nur den Nazis, sondern auch der antijüdischen Stimmung der einheimischen Bevölkerung zu widerstehen. Und doch gibt es viele Beispiele für Hilfe, die Juden von Christen gewährt wurde. Manchmal war es der Glaube an eine der Minderheitenkonfessionen, die den Helfern Kraft gab. Die kleine baptistische Minderheit in der Ukraine, die über das ganze Land verteilt wohnte, leistete den Juden erhebliche Hilfe. Die selbst wegen ihres Glaubens verfolgten Baptisten kümmerten sich ohne Rücksicht auf die damit verbundenen Gefahren um die Juden.

Obwohl die Ukraine sowjetisches Gebiet war, unternahmen die Sowjets keinerlei Schritte zur Rettung der dortigen Juden. Manche Regierungsmitglieder waren ebenso vom Antisemitismus infiziert wie große Teile der sowjetischen Bevölkerung. Sowjetführer sagten, die Hauptaufgabe bestünde darin, die deutschen Eindringlinge zu bekämpfen, die jeden niedermachten, der ihnen in den Weg trat, nicht nur die Juden. Gelänge es den Sowjets, die Deutschen zurückzuschlagen, so würde dies auch für die Juden eine Hilfe zum Überleben sein. Als die Wehrmacht zuerst in osteuropäische Länder eindrang, waren 400 000 polnische und baltische Juden in die UdSSR geflohen. In der allgemeinen Katastrophe der frühen sowjetischen Niederlage genossen sie keinen besonderen Schutz; das wäre auch nicht möglich gewesen. Massen dieser Juden starben an Hunger und Seuchen. Etwa 250 000 von ihnen überlebten.

Die Nationalsozialisten bildeten Hilfspolizei-Einheiten aus Letten, Litauern, Weißrussen und Ukrainern. Sie wurden als Bewacher in den Konzentrationslagern ihrer eigenen Regionen oder in Polen eingesetzt und nahmen an der Ausplünderung und der Ermordung von Juden teil. Zwar erhoben einige örtliche Gruppen ihre Stimmen gegen ein solches Blutvergießen, doch die Gestapo brachte sie schnell zum Schweigen.

Es gehörte ungewöhnliches Heldentum dazu, gegen den Massenmord aufzustehen. Einer dieser heldenmütigen Männer war der Griechisch-Orthodoxe Erzbischof von Lemberg, Andrew Scheptitsky. Ein alter Mann, gelähmt und an den Rollstuhl gefesselt, klagte er die deutschen Eindringlinge als Barbaren an und gab einen Hirtenbrief unter dem Titel »Du sollst nicht töten!« heraus. Als viele Ukrainer sich den Nazis bei der Ermordung der Juden anschlossen, drohte er mit dem »göttlichen Gericht« für all jene, die »unschuldiges Blut vergießen und sich zu Ausgestoßenen der menschlichen Gesellschaft machen, indem sie die Heiligkeit des Menschen mißachten.« Er versagte all denen die Gemeinschaft des Gottesdienstes, die Hitlers Mordevangelium anerkannten.

Als ein Beamter des deutschen Außenministeriums Scheptitsky aufsuchte, verurteilte dieser mutig die Unmenschlichkeit der Deutschen. Allein in Lemberg hatten sie 100 000 Juden umgebracht. Ein junger Ukrainer habe ihm gebeichtet, in einer Nacht 75 Juden getötet zu haben. »Das ist unerträglich«, erklärte er dem Beamten.

Doch er beließ es nicht bei Worten. In seiner Kirche verbarg er jüdische Kinder und Erwachsene, versteckte dort auch die Thorarollen und sorgte dafür, daß weitere 150 Juden in den Klöstern der Umgebung in Sicherheit gebracht wurden. Obgleich Hunderte von Mönchen und Nonnen von der Anwesenheit dieser Juden wußten, wurde nicht einer von ihnen verraten. Einem Juden, den er – als Mönch verkleidet – verbarg, sagte der Erzbischof: »Ich möchte, daß du ein guter Jude bist, und ich rette dich nicht um deiner selbst willen, sondern ich rette dich für dein Volk. Dafür erwarte ich keinen Lohn, und ich erwarte auch nicht, daß du meinen Glauben annimmst.«

Seine Stimme erreichte viele Ukrainer – Bauern, Hausangestellte, Arbeiter –, die daraufhin auch ihrerseits Juden retteten. In manchen Gebieten, in denen die Dörfer und Kleinstädte von großen Wäldern umgeben waren, flohen Hunderte von Juden in die Wälder und bildeten bewaffnete Gruppen. Waldarbeiter informierten die Juden über drohende Durchsuchungen und versorgten sie mit Lebensmitteln und Waffen.

Einige Jahre nach dem Krieg berichtete »M.G.«, ein Überlebender des Holocaust, von seinen Erfahrungen aus der Zeit der deutschen Besetzung der Ukraine:

»Wir versteckten uns in einer der Scheunen des Ortes, gruben eine Höhle unter dem Heu und blieben dort sechs Monate lang. An einem Abend in der Woche kamen wir heraus und gingen zum Haus des Verwalters. Seine Frau hatte dann immer eine große Schüssel mit Kartoffeln oder mit Grütze vorbereitet und ein wenig Brot dazu, und so hatten wir genug zu essen. Wir haben die Frau niemals gesehen, und sie hat auch nie nach uns Ausschau gehalten, wenn wir in der Dunkelheit kamen. Wenn wir zum Haus des Verwalters gingen, um unser Essen zu holen, hatten wir große Angst. Ständig kamen Bauern, um etwas von dem Heu zu holen, unter dem wir uns versteckten. Einmal kamen sie uns dabei so nahe, daß die nächste Bewegung zu unserer Entdeckung geführt hätte. Wir verkrochen uns in einem anderen Heuschober, aber nach wie vor kamen wir nachts an die Tür des Polen, und seine Frau sorgte für unser Essen wie zuvor.

An einem Sabbatmorgen, als wir in unserem neuen Versteck unter dem Heu lagen, kamen junge Bauern zum Dreschen. Sie fingen an, die Weizengarben auseinanderzunehmen, hinter denen wir uns versteckt hielten. Als sie nahe daran waren, uns zu finden, rief ich selbst den ukrainischen Bauern Schudlowski an, den ich schon vor dem Krieg gekannt hatte. Ich sagte ihm, daß wir uns hier versteckten und bat ihn, uns nicht zu verraten. Er rief sofort den alten Vorarbeiter, den Ukrainer Seschko, herbei, und wir baten ihn um Hilfe. Der warf Heu über uns und schickte die Landarbeiter an eine Stelle, die ein Stück von unserem Versteck entfernt war.«

Dann, eines Wintermorgens, kamen deutsche Soldaten und ukrainische Polizisten in das Dorf, um Landarbeiter für Zwangsarbeit in Deutschland zu beschaffen. »M.G.s« Familie konnte in die Wälder fliehen, bevor einer von ihnen ergriffen werden konnte. Soldaten schossen ihnen nach, und die Bevölkerung in der Umgebung weigerte sich, sie aufzunehmen. Sie versteckten sich in Viehställen, schlichen an Dörfern vorüber, erfroren fast in der bitteren Kälte. Endlich wurden sie so mutlos, daß sie beschlossen, freiwillig in das Getto von Tarnopol zu gehen. Aber gerade dann trafen sie einen armen ukrainischen Landarbeiter, Mischko Kormilo, und sagten ihm, sie seien bereit, sich selbst aufzugeben. Er redete es ihnen aus und versprach, sie auf dem Dachboden seines Stallgebäudes zu verstecken. Dort breitete er seine zehn Ballen Stroh für sie aus und brachte ihnen zu essen.

»Acht Tage hatten wir in diesem Versteck zugebracht, als wir erfuhren, daß auf dem Gut, auf dem Kormilo Vorarbeiter war, ein Einbruch verübt worden war. Er wurde verdächtigt, und die Polizei kam, um seine Hütte zu durchsuchen. Sie kletterten auch zu unserem Dachboden hinauf, um nach Diebesgut zu suchen, durchwühlten alles, aber nicht die zehn Ballen Stroh, unter denen mein Bruder, meine Schwester und ich verborgen lagen.

Nach dieser Aufregung wollte Kormilo uns nicht länger bleiben lassen. Seine Frau und seine Mutter haßten die Juden und beschimpften ihn, weil er uns aufgenommen hatte. Kormilo schmuggelte uns auf das Gut, auf dem wir früher gearbeitet hatten. Dort versteckte er uns im Eiskeller. Drei Tage und drei Nächte lagen wir auf dem Eis, und außer Eisbrocken hatten wir nichts zu essen. Am dritten Tag kam eine Arbeiterin in den Keller und entdeckte uns. Es war ein altes ukrainisches Dienstmädchen. Als sie uns auf dem Eis liegen sah, fing sie an zu weinen und hatte Mitleid mit uns. Sie brachte uns sofort etwas zu essen.«

Da sie sich nicht mehr sicher fühlten, verließen sie den Keller und gingen wieder zu Kormilo. Der nahm sie abermals auf und verbarg sie in einer abgedeckten Grube unter dem Fußboden seiner Hütte, in der er im Winter seine Kartoffeln aufbewahrte. Seine Frau und seine Mutter wußten, daß die Juden dort versteckt waren, doch sie waren jetzt freundlich und brachten ihnen zu essen. Um die »Sünde« zu verbergen, daß er Juden half, lief Kormilo im Dorf herum und wetterte gegen die gewissenlosen Menschen, die Juden versteckten. Seine Schützlinge blieben in der Grube, bis die Russen das Gebiet befreiten. Dann kehrten sie in ihre Heimatstadt zurück und stellten fest, daß nur sehr wenige Juden dort am Leben geblieben waren.

Ein anderer Ukrainer, Alexander Kryvoiaza, beschäftigte in seiner Fabrik 58 Juden und versteckte sie bei antisemitischen Aktionen. Gelegentlich halfen Frauen, die früher in jüdischen Haushalten gearbeitet hatten, ihre ehemaligen Arbeitgeber zu retten. Iwan Bubik, der Bürgermeister von Buczacz, rettete viele Juden und hielt die Nationalsozialisten davon ab, in seiner Heimatstadt ein Getto zu errichten.

Wie viele »gute Nichtjuden« es in der Ukraine gegeben hat? Man weiß es nicht. Einen Hinweis bietet jedoch ein offizieller Bericht der SS, der etwa einhundert Ukrainer aufzählt, die hingerichtet wurden, weil sie Juden versteckt oder sonst geholfen hatten. Es muß also viel mehr gegeben haben, wenn man davon ausgeht, daß nur einige ergriffen wurden, manche zu leichteren Strafen verurteilt, andere an Ort und Stelle erschossen wurden, ohne jemals in den Berichten aufzutauchen. Außerdem deckt die Liste nur einen Zeitraum von neun Monaten ab und ist auf einen Teil der Ukraine beschränkt.

In Estland, Lettland und Litauen wurden im Laufe von drei Monaten nach der Invasion mehr als 150 000 Juden ermordet. Einheimischen Nazis wurde dabei von den Deutschen die Führungsrolle überlassen. Ein litauischer Journalist, Klimatis, faßte etwa dreihundert Männer zu einer Mörderbande zusammen. Innerhalb weniger Tage brachten sie in Kaunas 3 500 Menschen um, zerstörten mehrere Synagogen und brannten 60 Häuser in einer jüdischen Wohngegend nieder. Die dankbaren Deutschen lobten die Täter für ihre »besonderen Leistungen bei Vernichtungsaktionen«.

Andere Banden bereitwilliger Mörder vollbrachten Ähnliches, um den Nationalsozialisten bei der »Vernichtung nutzloser und unerwünschter« Menschen zu helfen. Kirchenführer waren entsetzt. »Sollen wir die Henker Europas werden?« fragten sie in einem Flugblatt. Eine Untergrundzeitung warnte die Litauer: »Allen sollte klar sein, daß es das Ziel der Deutschen ist, das litauische Volk zu vernichten. Zuerst versuchen sie, uns moralisch zu zerstören, indem sie die Litauer in Henkersknechte verwandeln. Später werden sie uns erschießen, wie sie es jetzt mit den Juden tun. Vor der Welt werden sie ihr Verhalten mit der Behauptung rechtfertigen, die Litauer seien verkommene Henker und Sadisten.«

Solche Stimmen waren jedoch zu selten. Kollaborateure, Informanten und Mörder fanden ihre wahre Berufung darin, den Deutschen zu helfen. Andere Litauer setzten hingegen ihr Leben für die Rettung von Juden ein.

Joseph Stokauskas, Direktor des Stadtarchivs von Wilna, versteckte Juden, die aus dem Getto geflohen waren. Eine beträchtliche Anzahl von Lehrern und Wissenschaftlern arbeitete zusammen, um Juden, insbesondere Kinder, zu verbergen. Manchmal bedurfte es ihrer vereinten Anstrengungen, um auch nur ein Kind oder eine Familie zu retten. Ein jüdischer Botaniker in Wilna, Professor Movschowitsch, mußte nacheinander in vier verschiedenen Wohnungen versteckt werden, als die Nationalsozialisten ihm auf der Spur waren. Bauern, Handwerker, Lehrer, Geistliche – Menschen aller Art verdanken Juden ihr Überleben.

Einige Geistliche in Wilna predigten gegen die Aneignung jüdischen Besitzes oder das Vergießen jüdischen Blutes. Die Gestapo nahm sie alle fest. Ein Priester, der ein jüdisches Mädchen retten wollte, indem er es taufte, wurde verhaftet, ausgepeitscht und zu Zwangsarbeit verurteilt. In dem Ort Vidukle trieben die Deutschen die zweihundert Juden zusammen und sperrten sie in die Synagoge, um sie dort zu ermorden. Jonas, der örtliche Pfarrer, schmuggelte dreißig Kinder hinaus und verbarg sie in seiner Kirche. Als ein Informant dies den Deutschen meldete, verlangten sie von dem Geistlichen die Herausgabe der Kinder. Er stellte sich ihnen in den Weg und rief aus: »Wenn ihr diese Kinder töten wollt, müßt ihr erst mich ermorden!« Sie taten es und erschossen dann die Kinder.

In einem von Mitte 1941 bis Mitte 1943 geführten Tagebuch, während er im Getto in Wilna lebte, notierte Hermann Kruk hin und wieder Beispiele für das anständige Verhalten mancher Christen.«

»7.9.1941: Christen kommen zum Getto und bringen Brot und Kleider. Oft weinen die Christen mehr als die Juden.«

»15.5.1942: Ich las den Brief eines Deutschen an ein jüdisches Mädchen. Er will ihr auf jede erdenkliche Art helfen. Er bittet sie, ihn nicht als einen Deutschen zu betrachten.

›Schreib mir. Ich stehe zu deinen Diensten!‹ Der Brief endet mit den Worten: ›Vernichte diesen Brief sofort! Herbert‹«

In das Getto von Wilna kam auch Anna Simaite, eine heldenhafte nichtjüdische Frau, deren Fähigkeit zu Liebe, Opfer und Kampf unvergeßlich ist. Sie war Litauerin und von ihrem Großvater zur Ablehnung von Frömmelei und Antisemitismus erzogen worden. Sie arbeitete als Bibliothekarin in der Universitätsbibliothek und hatte sich bis zum Ausbruch des Krieges auch als Literaturkritikerin einen guten Ruf erworben. Selbstverständlich hätte sie zur Ausrottung der Juden schweigen können. Statt dessen sagte sie: »Als die Deutschen anfingen, die Juden ins Getto zu pferchen, konnte ich nicht einfach weiterarbeiten, als sei nichts geschehen. Ich konnte nicht in meinem Arbeitszimmer bleiben. Ich konnte nicht essen. Ich schämte mich, weil ich keine Jüdin war. Ich mußte etwas tun. Zwar war ich mir der damit verbundenen Gefahren durchaus bewußt, doch das ließ sich nun einmal nicht ändern. Eine Kraft, die stärker war als ich, begann in mir zu wirken.«

Es war nur menschlich, Juden zu helfen. Anna Simaite beschloß, ins Getto zu gehen und dort ihre Hilfe anzubieten. Aber wie? Unter dem Vorwand, die vielen wertvollen Bücher einsammeln zu wollen, die jüdische Studenten in ihrer Bibliothek entliehen hatten, erwirkte sie einen Passierschein von den Deutschen. Sobald sie innerhalb des Gettos war, wurde sie sich des fieberhaften Lebens rundum bewußt. Sie sah Juden, die Theaterstücke einstudierten, Konzerte dirigierten, Schulen einrichteten, Vorträge und Ausstellungen besuchten. Hier war ein durch Hunger, Folter und Deportation zum Tode verurteiltes Volk, das doch die letzten ihm verbleibenden Stunden noch nützte, um das Leben zu feiern. – Sie ersann vielerlei Möglichkeiten, jüdische Leben zu retten. Sie regte viele Menschen an, erwachsene Juden bei sich aufzunehmen, deren Flucht aus dem Getto bewerkstelligt werden konnte; sie fand Verstecke für jüdische Kinder, die wie durch Zauber aus dem Getto geschafft wurden; sie besorgte falsche Papiere; sie schmuggelte Briefe von jüdischen Untergrundführern und wertvolle Teile von Tagebuchaufzeichnungen aus dem Getto. Die eigenen Lebensmittelmarken benutzte sie nur noch für Kartoffeln und Kohl. Alles übrige – Brot, Marmelade, Margarine, Käse – gab sie den Gettokindern. Als die Juden einen letzten Aufstand gegen die Nazis vorbereiteten, schmuggelte sie kleine Waffen und Munition ins Lager. Mit jeder dieser Taten ging Anna Simaite einen weiteren Schritt ihrem eigenen Tode entgegen.

Endlich, im Sommer 1944, wurde sie von den Nationalsozialisten verhaftet, weil sie ein zehnjähriges Mädchen mit falschen »arischen« Papieren versorgt hatte. Man schlug sie, ließ sie hungern, folterte sie. Doch sie verriet keine Geheimnisse. Sie wurde zum Tode verurteilt, doch einflußreiche Freunde von der Universität bestachen einen hohen Nazibeamten, und ihre Strafe wurde umgewandelt. Erst wurde sie in das Konzentrationslager Dachau gebracht, dann in ein anderes in Südfrankreich. Dort wurde sie, dem Tode nahe, von alliierten Streitkräften befreit.

Unweit vom Getto in Wilna lag ein Benediktinerkloster, in dem während der Nazibesatzung sieben Nonnen lebten. Die Mutter Oberin konnte den Gedanken an die so nahe eingesperrten Juden nicht aus ihrem Kopf verdrängen. Sie rief die Schwestern zusammen und beriet mit ihnen, was zu tun sei. Bald darauf wurden einige Nonnen von nichtsahnenden Bewachern in das Getto gelassen. Drinnen stellten sie schnell Kontakte zur Untergrundbewegung her, und man beriet, wie man Juden aus dem Getto schmuggeln und im Kloster oder anderswo verstecken könne. Bald darauf quoll das kleine Kloster vor »Nonnen« förmlich über, von denen einige sehr männlich aussahen.

Als im Getto eine Kampfeinheit gebildet wurde, erbot sich die Schwester Oberin, Waffen einzuschmuggeln. Sie und ihre Schwestern durchforschten die Umgebung nach Pistolen, Handgranaten, Bajonetten, Dolchen und Messern. Sie wurden zu Sprengstoffexperten. Und doch hatte die Oberin noch immer das Gefühl, nicht genug zu tun. Sie wollte im Getto Seite an Seite mit den Juden kämpfen, die sie als Brüder und Schwestern betrachtete. Die Juden aber entschieden, sie sei eine viel zu wichtige Verbündete auf der »arischen« Seite.

Das Getto wurde restlos vernichtet, doch die Überlebenden, die vorher entkommen konnten, vergaßen niemals den Heldenmut der sieben Nonnen.

Bulgarien ist ein kleines, osteuropäisches Land am Ufer des Schwarzen Meeres. Dort gab es eine kleine Gemeinde von etwa 50 000 Sephardim (Nachkommen früherer spanisch-portugiesischer Juden), die ungefähr ein Prozent der Gesamtbevölkerung ausmachten. Die meisten von ihnen gehörten der unteren Mittelklasse an, viele waren Handwerker, die in politischer und wirtschaftlicher Freiheit lebten, von der übrigen Gesellschaft jedoch streng geschieden waren. Im politischen oder kulturellen Leben des Lande spielten sie keine große Rolle.

Im Zweiten Weltkrieg verbündete sich Bulgarien mit Deutschland, weil eine faschistische Regierung unter König Boris an der Macht war, die hoffte, im Ersten Weltkrieg verlorene Gebiete für Bulgarien zurückzugewinnen. Die Deutschen übernahmen nicht die Kontrolle über Bulgariens innere Angelegenheiten, drängten jedoch auf antisemitische Aktivitäten. Die bulgarische Regierung ergriff Maßnahmen, um den jüdischen Staatsbürgern ihr Vermögen zu nehmen und sie zu späterer Deportation zusammenzufassen.

Die Bulgaren betrachteten die im Lande geborenen Juden als Landsleute, und mehrere Gruppen, wie z.B. die Berufsverbände, die Gewerkschaften, die Orthodoxe Kirche, die kommunistische Untergrundbewegung und sogar manche Regierungsvertreter, protestierten gegen die antijüdischen Maßnahmen. In der Hauptstadt Sofia wandten sich Mitarbeiter christlicher Kirchen gegen die antisemitischen Anordnungen. Einige von ihnen wurden von der Polizei getötet.

Massenbekehrungen fanden statt. Priester fälschten Daten und trauten Tausende von Christen mit Juden, um diese vor rassischer Verfolgung zu bewahren. Die Priester wurden dafür von der Regierung bestraft und fuhren doch mutig fort, die Juden zu verteidigen. Als die Nationalsozialisten ihren Druck auf die bulgarische Regierung verstärkten, versuchte man, ihnen entgegenzukommen und deportierte nur »ausländische« Juden, solche also, die in Makedonien und Thrakien lebten, Gebiete, die erst kürzlich von Jugoslawien und Griechenland annektiert worden waren, um so wenigstens die bulgarischen Juden zu retten. Das Oberhaupt der Orthodoxen Kirche griff ein, um diese Deportationen aufzuhalten. Ihm schloß sich Dimitri Pleschew an, der Vizepräsident des Parlaments.

Ihr Protest schlug fehl. Über 11 000 aus Makedonien und Thrakien deportierte Juden starben in polnischen Lagern. Um diese Zeit mußten die Deutschen bereits Niederlagen hinnehmen. Vielleicht hielt König Boris es für angebracht, die Dinge nicht noch schlimmer werden zu lassen, als sie ohnehin schon waren. Er gab dem öffentlichen Protest nach und verfügte die Einstellung aller Deportationen.

Bald darauf starb der König auf geheimnisvolle Weise. Eine neue Regierung übernahm die Macht. Im Januar 1944 begannen die Alliierten mit Bombenangriffen auf Bulgarien. Die neue Regierung sah die deutsche Macht schwinden und versuchte, sich von Hitler zu lösen. Zunächst erklärte sie Bulgarien für neutral, dann ging sie noch weiter und schloß sich dem Krieg gegen Hitler an. Als sich die Rote Armee im August der bulgarischen Grenze näherte, hob die Regierung alle antijüdischen Gesetze auf.

Obgleich die bulgarischen Führer der Deportation von über 11 000 Juden aus Makedonien und Thrakien zugestimmt hatten, war es ihnen doch gelungen, die Verschleppung der Juden aus Altbulgarien zu verhindern. Das war ein ganz ungewöhnlicher Erfolg, denn in anderen von den Nationalsozialisten besetzten Ländern hielten Verschleppung und Mord bis zum letzten Augenblick an.

5 Schindlers Juden

Oskar Schindler: Trinker, Frauenheld, Spieler, Profitgeier, Bestecher, Hehler, Nazi. Das liest sich nicht gerade wie die Beschreibung eines Heiligen. Das war er auch nicht. Und doch rettete er eintausendzweihundert Menschen das Leben. Woher kam er? Wie wurde er zu einem ehrenwerten Mann?

Oskar wurde 1908 in Zittau geboren. Sein Vater besaß eine Fabrik für landwirtschaftliche Maschinen, er selbst wurde zum Ingenieur ausgebildet. Die Familie Schindler war katholisch, doch der junge Oskar kümmerte sich wenig um Religion. In der Grundschule gehörten zu seinen Freunden auch einige jüdische Klassenkameraden. Er interessierte sich für Rennen, konstruierte ein eigenes Motorrad und nahm an Bergrennen teil.

Mit zwanzig Jahren heiratete er Emilie, die Tochter eines wohlhabenden Bauern. Im Grunde hatten sie wenig Gemeinsamkeiten, aber wer konnte schon dem jungen, stattlichen Oskar widerstehen? Bei Frauen hatte sein Charme stets Erfolg.

Oskar wurde zum Militärdienst eingezogen. Daran mißfiel im alles, abgesehen von der Möglichkeit, einen Lastwagen zu fahren. Nach der Dienstzeit arbeitete er wieder für seinen Vater. In der Wirtschaftskrise der frühen dreißiger Jahre ging die Firma jedoch in Konkurs. Oskar wurde fast sofort Verkaufsleiter einer Elektrofirma. Er war gern unterwegs, verkaufte gern, lernte bereitwillig neue Menschen kennen, vor allem Frauen. Daß er der NSDAP beitrat, erleichterte seine Arbeit. Das Parteiabzeichen verhalf ihm bei vielen Kunden zu Aufträgen.

Als im Herbst 1938 die Nationalsozialisten das Sudetenland besetzten und später in die Tschechoslowakei einrückten, fand Oskar es nicht mehr so gut, Nationalsozialist zu sein. Er war schockiert darüber, mit welcher Brutalität Juden und Tschechen aus den als deutsch betrachteten Gebieten vertrieben und ihrer Habe beraubt wurden. Oskars Frau Emilie war überzeugt, Hitler werde eines Tages dafür bestraft werden, daß er sich selbst zum Gott erhoben habe; sein Vater glaubte, Hitler werde ebenso scheitern wie einst Napoleon. Oskar verlor allmählich seine Begeisterung für die neue Ordnung.

Eines Abends begegnete er bei einer Party einem angenehmen jungen Mann, der mit ihm über Politik und Geschäfte sprach, während sie in einem Nebenzimmer ein Glas miteinander tranken. Der Mann faßte Vertrauen zu Oskar und offenbarte sich als Offizier der Abwehr des deutschen Geheimdienstes. »Sie reisen für Ihre Firma in Polen,« sagte er, »warum sollten Sie also nicht die Abwehr mit militärischen und wirtschaftlichen Informationen aus diesem Gebiet versorgen? Wenn Sie unser Agent werden, wird man Sie selbstverständlich vom Militärdienst freistellen.« Das war ein Aspekt, der Oskar das Angebot recht verlockend erscheinen ließ, obwohl er zu diesem Zeitpunkt noch nicht an einen militärischen Überfall auf Polen glaubte.

Ein Jahr später erfolgte der Einfall in Polen. Bald darauf traf Oskar in Krakau ein, einer sehr schönen, mittelalterlichen Stadt, deren Wohlstand auf Metall-, Textil- und chemischer Industrie beruhte. Dort übernahm er die Leitung einer Fabrik, die Kantinenausstattung und Küchengeräte für die Wehrmacht herstellte.

Er richtete sich behaglich in einem guten Krakauer Wohnviertel ein; seine teuren Anzüge und sein Wagen paßten zum Stil seiner Wohnung. Während seine Frau daheim blieb, führte er einen gemeinsamen Haushalt mit einer deutschen Lehrerin und unterhielt zudem ein Verhältnis mit einer polnischen Sekretärin in der Fabrik.

Unweit von Krakau lag das Zwangsarbeitslager Plaszow, der mit Stacheldraht umschlossene Lebensraum für 20 000 Juden. Oskar pflegte freundschaftlichen Umgang sowohl mit dem Leiter dieses Lagers, Amon Goeth, als auch mit den Gebietsverantwortlichen der verschiedenen Sicherheitskräfte der Nazis. Oskar arbeitete in einem verrotteten, verkommenen System und lernte schnell, dessen Mittel für seine Zwecke zu nützen. Geschickt handelte er auf dem schwarzen Markt; verstand es, schnell beträchtlichen Luxus zu erwerben: Seide, Juwelen, Möbel, Kleidung, Alkohol. Manches brauchte er für sich selbst, anderes, um Nationalsozialisten, die auf hohen Posten saßen, günstig zu stimmen. Ihre Freundschaft bewahrte ihn vor der Wehrmacht. Warum sollte man einen so wertvollen Mann wie ihn auf dem Schlachtfeld vergeuden?

Doch während Oskar beobachtete, daß die antijüdischen Verbrechen seiner Freunde ständig zunahmen, wuchs eine heftige Abneigung in ihm. Er wußte, wie SS-Leute in jüdische Wohnungen einbrachen, alles plünderten, was sich darin finden ließ, Schmuck von Fingern und Hälsen rissen, jedem, der etwas zu verstecken suchte, einen Arm oder ein Bein brachen und ganz nach Belieben erschossen, wen sie wollten.

Eines Tages überfiel eine Gruppe von SS-Leuten eine Synagoge aus dem 14. Jahrhundert. Die Juden, die sie beim Gebet vorfanden, reihten sie auf, trieben Passanten von der Straße hinzu, ließen alle der Reihe nach die Thora bespukken. Wenn ein Jude sich weigerte, die Gesetzesrolle so zu schänden, erschossen sie ihn. Später wurden auch alle anderen ermordet, die Synagoge wurde niedergebrannt. Als Oskar klar wurde, daß es das Ziel der Nazis war, alle Juden zu vernichten, ergriff ihn eine kalte Wut. Waren diese deutschen Massaker an den Juden das Verhalten einer zivilisierten Nation? Wie war dieser Irrsinn aufzuhalten?

Als Oskar die Leitung der Fabrik in Krakau übernahm, gab es dort nur fünfundvierzig Arbeiter. Mit der Zahl der Wehrmachtsaufträge stieg die Zahl der Beschäftigten auf zweihundertfünfzig. Oskars Buchhalter war der Jude Isaak Stern. Dieser bat ihn, einen jüdischen Freund einzustellen, dann einen anderen und noch einen, und schon bald beschäftigte Oskar einhundertfünfzig Juden. Im Frühjahr 1941 befahlen die Nationalsozialisten, alle Juden aus Krakau zu entfernen. Ausgenommen sollten nur fünf- oder sechstausend für die Rüstungsindustrie benötigte Fachkräfte bleiben. Sie wurden hinter Gettomauern gesperrt. Oskars Fabrik wurde ein schützender Hafen für solche Juden, die sich als Fachkräfte bezeichneten. Wer in Oskars Fabrik arbeitete, trug ein blaues Abzeichen, das ihm gestattete, das Getto zu verlassen und wieder zu betreten.

Wenig später schloß Oskar einen Vertrag mit dem deutschen Rüstungsbeauftragten. Er wollte seine Fabrik erweitern und künftig auch Panzerabwehrmunition herstellen. Das war besser als die bloße Fabrikation von Töpfen und Pfannen. Wer konnte jetzt noch bezweifeln, daß Oskar ein wirklich kriegswichtiges Unternehmen leitete?

Er richtete eine Nachtschicht ein und beschäftigte noch mehr Juden. »Wer hier arbeitet, ist in Sicherheit«, sagte er ihnen. »Bei dieser Arbeit werdet ihr den Krieg überleben.« Wie konnten sie ihm ein solches Versprechen glauben? Wer war dieser blonde Riese von nur vierunddreißig Jahren, der so etwas zu versprechen wagte? Doch seine ruhige

Gewißheit ließ sie an seine Worte glauben. Und selbstverständlich wollten sie ihm auch gern glauben.

Oskar machte weiter seine Geschäfte, und durch seine Verbindungen zu den deutschen Führern der Region erfuhr er oft auch von ihren Plänen und gab seine Informationen rechtzeitig an seine Juden weiter. Auch mit Julian Scherner machte er Geschäfte, dem SS-Mann, der das Lager leitete. Scherner liebte Schnaps, Frauen, Luxus, alle die guten Dinge, die seine Stellung ihm verschaffen konnte. Und er schien die Juden lieber arbeiten als umbringen zu lassen. Oskar nützte seine Beziehungen zu Scherner aus, um noch mehr Juden auf seine Personallisten zu bekommen.

Als Gerüchte aufkamen, das Getto solle bald »beseitigt« werden, gelang es Oskar, die Erlaubnis von Scherner zu erwirken, nahe seiner Fabrik Baracken zu bauen, damit seine Nachtschicht nicht unterbrochen werden mußte. Dadurch kamen zwar einige Juden aus dem Getto, aber viele andere waren noch darin.

Eines Tages erfuhr Oskar Schindler, daß eine Anzahl seiner Arbeiter, darunter auch sein Büroleiter Abraham Bankier, gemeinsam mit vielen anderen Juden aus dem Getto geholt und zur Bahn gebracht worden waren. Sofort fuhr Oskar zum Güterbahnhof und sah, daß die Juden gerade eine lange Reihe von Viehtransportwagen bestiegen. Wohin sollten sie gebracht werden? Wozu? Niemand schien es zu wissen. In ein Arbeitslager, vermutete jemand. Oskar hatte kürzlich ein SS-Papier gelesen, mit dem Angebote für die Errichtung eines Krematoriums im Lager Belzec in der Nähe von Lublin angefordert wurden. Konnte dies das Reiseziel dieser Juden sein? Er lief am Zug entlang und rief Bankiers Namen. Er fand ihn und zwölf andere seiner Mitarbeiter zusammengedrängt in der Ecke eines Waggons.

Dann gelang es ihm durch Überredung und Bestechung,

die SS-Bewacher zu bewegen, die dreizehn Namen von der Transportliste zu streichen; sie seien unersetzliche Munitionsarbeiter und nur versehentlich auf diese Liste geraten, erklärte er.

Wenn Oskar sah, wie Juden aus dem Lager zu den Viehtransportwagen getrieben wurden, konnte er unschwer erraten, wie sie enden sollten.

Den endgültigen Beweis brachte Bachner, ein junger jüdischer Apotheker, der ebenfalls fortgeschafft worden war und nach sieben Tagen ins Getto zurückkehrte. Er hatte das entsetzliche Ende gesehen. Von Krakau hatte man die Juden nach Belzec geschafft. Dort hatte man sie nackt ausgezogen, ihnen die Köpfe rasiert und sie in »Badehäuser« getrieben und vergast. Alle, außer ihn. Irgendwie war es ihm gelungen, sich in eine Latrinengrube fallen zu lassen und sich dort, bis zum Hals in menschlichem Kot stehend, drei Tage lang zu verbergen. Endlich konnte er sich im Schutz der Dunkelheit befreien und aus dem Lager schleichen. Da das Krakauer Getto das einzige Zuhause war, das er kannte, kehrte er dorthin zurück. Jetzt kannte dort jedermann die Wahrheit.

Zweimal im Laufe des Jahres 1942 wurde Oskar von der Gestapo festgenommen, doch jedesmal wurde er durch seine einflußreichen Freunde wieder aus dem Gefängnis befreit, und er konnte die Juden in seiner Fabrik weiterhin beschützen. Ihre Lebens- und Arbeitsbedingungen waren human. Das Entsetzen des Arbeitslagers von Plaszow blieb ihnen erspart, und wenn die SS einige seiner Juden dorthin schickte, gelang es Oskar immer wieder, sie zu retten.

Seine Großzügigkeit anläßlich der Geburtstage der SS-Führer wurde legendär. Oskars Fabrik beschäftigte jetzt fünfhundertfünfzig Juden, für die er pro Person einen Tagessatz an die SS zahlte. Im Herbst 1942 empfing er den Besuch eines zionistischen Kuriers. Jemand (vielleicht Isaak Stern) hatte jüdischen Organisationen die Nachricht zukommen lassen, Oskar sei ein gerechter Mensch, dem man vertrauen könne. Die Welt wußte nur gerüchteweise, was Hitler den Juden Europas antat. Oskar, der im Herzen der deutschen Gebiete saß, ein Vertrauter der SS, konnte es ihm erzählen. Er tat es und erstattete dem Kurier seinen Augenzeugenbericht ohne jede Übertreibung. Dann erklärte er sich bereit, nach Budapest zu reisen, um dort jüdischen Führern aus erster Hand über das Grauen in Polen zu berichten.

Die Zeit des Gettos von Krakau näherte sich ihrem Ende. Die Deutschen hatten Plaszow erweitert, um weitere Tausende von Juden aufnehmen zu können, und im März 1943 wurde das Getto Krakau endgültig geschlossen. Die noch arbeitsfähigen Juden traten einen Fußmarsch nach Plaszow an. Die Alten, Kranken und nicht Arbeitsfähigen wurden in ihren Betten erschossen oder nach Auschwitz geschafft. Über sieben Jahrhunderte lang hatte es ein jüdisches Krakau gegeben; jetzt war Krakau »judenfrei«.

Oskar erfuhr bald, daß Plaszow nicht nur als Arbeits-, sondern auch als Vernichtungslager genutzt wurde. Jeder, der hinter diesem Stacheldraht lebte, war zum Tode verurteilt. Doch wann sollte er sterben? Heute? Morgen? Es war nur eine Frage der Zeit.

Man hatte Oskar versichert, seine in Plaszow lebenden Arbeiter würden stets pünktlich zur Arbeit erscheinen. Jetzt aber wurden sie durch immer neue Umstände aufgehalten. Beschwerden führten zu nichts. Deshalb kam ihm ein kühner Gedanke. Warum sollte man nicht ein Zweiglager errichten, in dem seine Arbeiter unmittelbar bei der Fabrik leben konnten? Er überzeugte den Kommandeur von Plaszow von der Vernünftigkeit dieses Gedankens. Warum nicht? Oskar konnte die Juden dann desto härter arbeiten lassen. Außerdem mußte man auch an das viele Geld denken, das sich dadurch einsparen ließ. Die Kosten für die Verpflegung wollte Oskar übernehmen, und auch das Zweiglager sollte auf seine Kosten gebaut werden. Ein guter Bursche, dieser Schindler, sagten sich die Nazis, auch wenn er von dieser verrückten Krankheit, der »Judenliebe«, infiziert war. Außerdem sollten Juden aus anderen Lagern gerade nach Plaszow verlegt werden, und Oskars Zweiglager konnte Platz für diese Neuankömmlinge schaffen.

So wurden sechs Baracken für 1 200 Menschen errichtet, dazu eine Küche, eine Duschbaracke, eine Wäscherei.

Schindlers Juden wußten, was man ihnen geschenkt hatte: Keine brutalen SS-Bewacher mehr, Wachen nur noch an den Zugängen, nicht innerhalb des Lagers, eine Küche, die mehr und bessere Suppe lieferte und besseres Brot als in Plaszow. Ja, die Arbeitsschichten waren lang, aber Gewinn mußte erzielt werden, wenn die Fabrik erhalten bleiben sollte. Niemand starb an Überarbeitung, an Hunger oder an Schlägen. (Man vergleiche dazu das für die IG Farben eingerichtete Zwangsarbeitslager, in dem zwei von drei Arbeitskräften starben.) »Ein Paradies«, dachten die Gefangenen, ein wunderbares Paradies, das für sie inmitten der Hölle entstanden war.

Oskar dachte sich auch eine Möglichkeit aus, Fotografen in das Lager Plaszow zu schmuggeln. Von seinem Freund, dem SS-Kommandanten, erhielt er die schriftliche Erlaubnis, zwei »befreundete Industrielle« zu einer Besichtigung der »Modell-Arbeitseinrichtung« mitzubringen. Beide Männer, mit einwandfreien Pässen ausgestattet, waren Geheimagenten einer jüdischen Rettungsorganisation, die für die Außenwelt sichtbare Beweisstücke brauchten. Mit Isaak Stern an seiner Seite führte Oskar die beiden Männer durch das Lager, und eine Minikamera nahm dabei einen Beweis nach dem anderen für die mörderische Zwangsarbeit auf, fotografierte die halbverhungerten, von Folter gezeichneten Gefangenen, die blutigen Schubkarren, die für den Transport der Leichen verwendet wurden, die Massengräber, in die man die Toten warf.

Im April 1944, als Oskar Schindler sechsunddreißig Jahre alt wurde, drängte die Rote Armee schnell nach Westen vorwärts. Die SS war hastig damit beschäftigt, die Todeslager zu leeren. Gaskammern und Krematorien wurden gesprengt, um keine erkennbaren Spuren zu hinterlassen. In Plaszow verbrannte man Leichen zu Tausenden unmittelbar nach der Ermordung. Tote, die früher in den Wäldern verscharrt worden waren, wurden ausgegraben und verbrannt, um jeden Beweis für die Massenmorde zu beseitigen.

In Krakau liefen zahllose Gerüchte um. Oskar erfuhr, daß Plaszow geschlossen werden sollte. Dann kam der offizielle Befehl: Auch Oskars Zweiglager sollte geschlossen werden, die Gefangenen sollten in das Lager Plaszow zurück, um dort auf ihre »Verlegung« zu warten. Er wußte, daß dieses Wort Vernichtung bedeutete. Die Nachricht breitete sich in den Baracken aus. Das ist das Ende, sagten die Juden. Oskar hatte ihnen einige Sicherheit und Erhaltung ihrer Gesundheit geboten. Jetzt würden sie alle sterben.

Aber nicht, wenn Oskar es verhindern konnte. »Laßt mich doch meine Fabrik nach Westen in die Tschechoslowakei verlegen«, sagte er der SS. »Laßt mich meine erfahrenen Arbeiter mitnehmen, zugleich mit anderen aus Plaszow, deren Kenntnisse und Fertigkeiten mir nützlich sein können.«

Der SS-Führer Goeth stimmte in Erinnerung an die großen Geschenke, die er von Oskar erhalten hatte, zu, vorausgesetzt, daß auch die anderen zuständigen Stellen einverstanden seien.

Oskar ging daran, eine Liste der Menschen aufzustellen, die dorthin mitziehen sollten, wo auch immer die Fabrik errichtet werden würde. Gerüchte darüber drangen auch an die Arbeitsplätze. Eine Schindler-Liste war in Vorbereitung! Jeder betete darum, seinen Namen darauf zu finden.

Schnelles Handeln und reichliche Bestechung waren nötig, um den Plan zu verwirklichen. Endlich stimmten die Verantwortlichen in Berlin zu: Oskars Fabrik sollte in den Anbau einer Spinnerei in Brinnlitz, einem mährischen Ort unweit von Oskars Geburtsstadt, verlegt werden. Eile war lebenswichtig. Jede Verzögerung konnte dazu führen, daß die Menschen auf der Liste doch noch nach Auschwitz geschafft wurden. Die etwa achthundert Männer auf Schindlers Liste (dreihundert Frauen sollten mit einem anderen Zug folgen) bestiegen Mitte Oktober 1944 die Güterwagen mit dem Bestimmungsort Brinnlitz. Nach einer beschwerlichen Reise mit langen Verzögerungen erreichten sie Brinnlitz und sahen das neue Arbeitslager mit Wachbaracken an den Toren, Stacheldraht, Postentürmen und dahinter die Fabrik und die Schlafbaracken der Gefangenen. Und auf dem Fabrikhof stand Oskar, um die Ankömmlinge zu begrüßen – ein beachtlicher Anblick mit seinem Tirolerhut, den er sich vielleicht deswegen zugelegt hatte, um die Heimkehr in die heimatlichen Berge zu feiern.

Das neue Lager war mit gewaltigen Kosten errichtet worden, die Oskar getragen hatte. Er hatte jetzt nicht mehr die Absicht, irgend etwas für die Nazis Nützliches zu produzieren. Vier Jahre früher, bei seiner Ankunft in Krakau, hatte er reich werden wollen. Jetzt wollte er keinen Gewinn mehr aus Sklavenarbeit ziehen. Auch sein Privatleben hatte sich verändert. Emilie, seine Frau, lebte jetzt wieder bei ihm.

Die Gefangenen spürten bald, daß Oskar nicht mehr an Kriegsproduktion interessiert war. Sie arbeiteten langsam, und niemand trieb sie an. Die SS-Garnison von Brinnlitz bestand aus Männern mittleren Alters, Reservisten, die man aufgeboten hatte, um die jüngeren und brutaleren SS-Leute zu ersetzen, die an die Front geschickt worden waren. Auch ihnen war klar, daß sich der Krieg dem Ende zuneigte und für Deutschland verloren war. Sie gingen Oskar nur zu gern aus dem Wege und dachten nicht daran, seine Arbeiter zu belästigen.

Dann wurde Oskar zum dritten Mal festgenommen. In Handschellen brachte ihn die Gestapo nach Krakau zurück. Sieben Tage lang vernahm man ihn und suchte nach Beweisen für Korruption. Doch bald griffen seine hochgestellten Freunde wieder ein und bürgten für seine Ehrbarkeit und Zuverlässigkeit. Am achten Tag ließ man ihn frei. Doch während seiner Abwesenheit zeigte sich, daß Emilie keineswegs nur die langweilige und schwache Hausfrau war, als die man sie eingeschätzt hatte. Sie hatte Oskars Pläne weiterverfolgt, und zwar nicht nur, weil sie seine Frau war, sondern weil auch sie sich verantwortlich fühlte, der Sache der Menschlichkeit zu dienen.

Die erneute Haft hatte Oskar nicht eingeschüchtert. Er ging jetzt daran, die 300 Frauen seiner Krakauer Liste aus Auschwitz zu befreien. Man hatte ihnen gesagt, sie würden zu den Häftlingen nach Brinnlitz transportiert, doch tatsächlich hatte man sie nach Auschwitz gebracht. Als die Türen der Güterwagen geöffnet wurden, fragten sich die entsetzten Frauen, was das zu bedeuten hatte. Unter Flutlicht wurden die Gefangenen »selektiert«. SS-Frauen erklärten den uniformierten Ärzten, das sei die »Schindler-Gruppe«. Sie wurden in die Baracken des Frauenlagers gebracht.

Dort erfuhren sie, daß sie als industrielle Reserve betrachtet wurden. Andere mit derselben Bezeichnung waren nicht verschont worden, sondern schnell in die Tötungsmaschinerie geraten. Wochen vergingen. Die »Schindler-Frauen«, krank und geschwächt, kamen dem Tod immer näher. Manche fragten: »Wo bleibt Schindler jetzt?« Würde er sein Versprechen halten? Die meisten verzweifelten nicht.

In Brinnlitz drängten die Männer Oskar Schindler: »Wo bleiben unsere Frauen?« Er antwortete: »Ich hole sie heraus!«

Niemand weiß genau, wie es ihm gelang. Wer hatte je gehört, daß Menschen aus Auschwitz gerettet wurden? Die Mythen, die sich bereits um Schindler gebildet hatten, erschweren eine Erklärung. Tatsache ist jedoch, daß Oskar Schindler mehrere Telefongespräche mit Rudolf Höss führte, dem Kommandanten von Auschwitz, und seinen beiden wichtigsten Untergebenen. Als die Zeit reif zu sein schien, schickte Oskar eine junge Frau mit einer Ladung Alkoholika, Speck und Diamanten zu den Funktionären, um das Geschäft mit ihnen zuschließen. Irgendwann im November wurden die »Schindler-Frauen« aus ihren Baracken gerufen, zum Duschen geführt, bekamen die Köpfe geschoren, wurden nackt zur Kleiderkammer geführt und dort mit Kleidern der Ermordeten ausgestattet. Selbst halbtot, in Lumpen gehüllt, wurden sie in düstere Güterwagen gepfercht. Der Zug verließ Auschwitz. In der kalten Morgendämmerung wurden sie in einer ländliche Umgebung zum Aussteigen aufgefordert. Zitternd und hustend wankten sie zu einem von SS-Leuten bewachten Tor. Dahinter reckte sich ein hoher Schornstein empor. Panik ergriff die Frauen. Waren sie nur in eine andere Mordfabrik geraten? Doch als sie das Tor erreichten, sahen sie Oskar unter den SS-Leuten stehen. Er trat vor und begrüßte die Frauen. »Hier habt ihr nichts mehr zu fürchten«, sagte er. »Ihr seid jetzt hier bei mir.« Eine der Frauen erinnerte sich Jahre später an ihr Gefühl in diesem Augenblick: »Er ist unser Vater und unsere

Mutter, er war unser einziger Glaube. Niemals hat er uns im Stich gelassen.«

Oskar streifte durch ganz Mähren, um Lebensmittel für seine Juden zu kaufen und auch Waffen und Munition, damit sie sich verteidigen konnten, falls SS-Leute sie vor einem Rückzug noch beseitigen wollten. Seine Fabrik produzierte noch immer nichts oder doch fast nichts. Einmal wurde ein Lastwagen mit Panzerabwehrgranaten abgeschickt, der zurückkam, weil die schlecht gefertigte Munition die Qualitätskontrolle nicht überstanden hatte. Als er die offizielle Beschwerde erhielt, sagte Oskar: »Das ist gut. So weiß ich wenigstens, daß durch mein Produkt niemand getötet worden ist.«

Wie konnte seine Fabrik die Prüfungen überstehen? Inspektoren, die zu Routineuntersuchungen kamen, gab es reichlich. Aber ebenso reichlich wurden sie von Oskar bewirtet und mit Spirituosen so üppig bedient, daß sie kaum noch wußten, was sie sich eigentlich ansehen sollten. Wenn sie wieder abfuhren, waren sie mit Zigaretten und Cognac reichlich beladen. Manche behaupten, Oskar habe Munition von anderen tschechischen Fabriken gekauft und sie als seine eigene ausgegeben, wenn einer der Inspektoren doch einmal etwas sehen wollte. Aber welche geheimen Tricks Oskar auch immer anwandte, sie funktionierten.

Dann, am 7. Mai 1945, hörten die Gefangenen in den Nachrichten der BBC die Meldung von der deutschen Kapitulation. Um Mitternacht des 8. Mai endete der Krieg in Europa. Oskar wußte, daß die Sowjets vor dem Einmarsch in Brinnlitz standen. Irgendwie mußte er ihnen ausweichen und zu den Amerikanern kommen, wo er mit einer besseren Behandlung rechnen konnte. Zunächst sprach er jedoch in Anwesenheit der SS-Bewacher mit den Gefangenen, ihre bisherigen Bewacher unbehelligt ziehen zu lassen. Die SS-

Leute legten ihre Waffen am Lagertor ab, und gegen Mitternacht waren alle verschwunden.

Dann bereiteten sich Emilie und Oskar zum Aufbruch vor. Sie legten Gefangenenkleidung an, und acht Gefangene erboten sich freiwillig, mit ihnen zu gehen, um diese beiden Deutschen vor jedem zu beschützen, der ihnen etwas anhaben wollte. Mit sich führten sie einen Brief, in dem Schindlers Taten im Laufe der Jahre aufgelistet waren.

Den anderen Gefangenen fiel der Abschied schwer. Sie überreichten Oskar ein Geschenk. Es war ein goldener Ring aus dem Zahngold eines Gefangenen. Darauf waren die Worte des Talmuds eingraviert: »Wer auch nur eine Seele rettet, der ist wie der Retter der ganzen Welt.«

Unterwegs stießen sie auf eine amerikanische Einheit, zu der einige jüdische Soldaten und ein Rabbi zählten. Als die Amerikaner Oskars Geschichte von den Juden hörten, umarmten sie ihn. Er war in Sicherheit.

Oskars gesamter Besitz wurde von den Russen beschlagnahmt. Er besaß keinen Pfennig mehr. Aber seine »Familie«, die »Schindler-Juden«, wie sie sich selbst stolz nannten, sorgten für ihn, solange er lebte. Zehn Jahre lang bewirtschafteten Emilie und Oskar eine Farm in Argentinien, dann kamen sie nach Deutschlan d zurück. Erfolg hatte Oskar niemals wieder. Er wurde immer abhängiger von den Überlebenden, die ihn wirtschaftlich und moralisch unterstützten. – Im Jahre 1961 besuchte er auf Einladung der »Schindler-Juden« Israel und wurde von Publikum und Presse begeistert empfangen. »Wir vergessen nicht die Plagen Ägyptens, wir vergessen nicht Haman und nicht Hitler. Doch über den Ungerechten vergessen wir auch nicht die Gerechten. Vergeßt Oskar Schindler nicht!«

Im Jahre 1974 starb er in Deutschland. Auf seinen Wunsch wurde er auf dem Friedhof in Jerusalem beigesetzt.

6 Das Wunder von Le Chambon

Von Polen und Oskar Schindler wenden wir uns nun der anderen Seite Europas zu und einem anderen bemerkenswerten Mann: André Trocmé in Frankreich. Schindler und Trocmé, zwei Männer, die nach Herkunft, Erziehung, Temperament, Berufslaufbahn und Lebensgewohnheiten nicht unterschiedlicher sein könnten. Sie unterschieden sich in allem, nur nicht in ihrer fürsorgenden Hilfsbereitschaft.

Ehe wir aber die Geschichte des André Trocmé und der Menschen von Le Chambon erzählen, betrachten wir Frankreich nach der Besetzung durch die Deutschen im Frühjahr 1940. Zur Zeit der Niederlage lebten in Frankreich 350 000 Juden. Fast die Hälfte von ihnen stammte von Vorfahren ab, die schon seit Jahrhunderten in diesem Lande heimisch waren. Die übrigen – erst jüngst hinzugekommen – waren Flüchtlinge aus anderen europäischen Ländern, die bereits von den Nationalsozialisten überrannt worden waren. Beim Zusammenbruch Frankreichs flohen etwa zwei Drittel der Juden in den Süden des Landes, um den Deutschen zu entgehen. Die übrigen blieben zumeist in Paris.

Eine neue französische Regierung, die zur Kollaboration mit den Deutschen bereit war, entstand unter der Führung von Marschall Pétain mit dem Sitz in Vichy im Süden Frankreichs. Im Norden herrschten Wehrmacht und Gestapo direkt. Tausende der Juden, denen es gelungen war, den unbesetzten Süden zu erreichen, flohen ins Ausland. Vielen half dabei der portugiesische Generalkonsul in Bordeaux, Aristedes de Sousa Mendes. Annähernd 100 000 Juden lebten in seinem Gebiet nahe der französisch-spanischen Grenze, und alle hatten nur den einen Wunsch, über die Pyrenäen nach Portugal oder Spanien in ein neutrales Land zu entkommen. Die portugiesische Regierung verweigerte jedoch Emigranten, insbesondere Juden, die Einreise.

Generalkonsul Mendes war Jurist und Katholik. Er konnte die Augen nicht vor den Leiden der Emigranten verschließen. Eine große Zahl von Juden nahm er in sein eigenes Haus auf. Tausende anderer standen jedoch davor und hofften auf eine Änderung der Visumspolitik. Der Konsul trat vor die Menschen hin und sagte: »Meine Regierung hat Ihnen die Visa verweigert, aber ich kann Sie nicht sterben lassen. Unsere Verfassung sagt, daß die religiösen und politischen Überzeugungen eines Fremden kein Grund für die Verweigerung von Asyl sind. Ich habe beschlossen, auf der Grundlage dieses Prinzips zu handeln. Jeder, der es wünscht, wird von mir ein Visum erhalten. Selbst wenn ich dafür mein Amt verlieren sollte, muß ich als Christ und in Übereinstimmung mit meinem Gewissen handeln.«

Von seiner Familie unterstützt, setzte Mendes sich vor sein Haus und stempelte innerhalb von drei Tagen Tausende von Visa für Juden. Seine Regierung erfuhr alsbald davon und rief ihn zornig nach Portugal zurück. Unterwegs kam er durch die französische Stadt Bayonne und sah dort Flüchtlinge vor dem Konsulat Portugals warten. Da er im Rang höher stand als die Beamten seines Landes in Bayonne, übernahm Mendes die Verantwortung und stempelte den ganzen Tag über Visa. Später, in der französischen Grenzstadt Hendaye, sah er Juden mit Visa, die er selbst gestempelt hatte, – und die doch nicht die Grenze nach Spanien überqueren konnten, weil diese gemäß einer Übereinkunft mit Portugal geschlossen worden war. Er riet den Juden, eine nahegelegene Grenzstadt aufzusuchen, wo bisher eine solche Weisung noch nicht erteilt worden war. Von dort aus gelangten die Juden nach Spanien und in Sicherheit.

Mendes rettete über 10 000 Juden das Leben. Da er jedoch den Weisungen seiner Regierung zuwidergehandelt hatte, verlor er sein Amt und die Zulassung zum Anwaltsberuf. Auch für andere Arbeiten stand er auf einer schwarzen Liste. Obgleich er eine Familie von zwölf Kindern hatte, sagte Mendes später, er bereue nichts, sondern sei stolz auf das, was er getan habe: »Wenn Tausende von Juden wegen eines Katholiken leiden müssen (er meinte Hitler), dann darf doch sicher auch ein Katholik für so viele Juden leiden. Ich konnte nicht anders handeln. Alles, was deshalb über mich gekommen ist, nehme ich voller Liebe an.«

Mendes starb verarmt im Jahre 1954.

Was den Juden in Frankreich widerfuhr, ist ein Beispiel dafür, vor welcher Wahl die Regierungen in den von Deutschland besetzten Ländern standen. Die Deutschen konnten nicht alle ihre Pläne selbst verwirklichen. Selbst der brutalste Eroberer braucht örtliche Helfer. In Südfrankreich ließen die Deutschen den Marschall Pétain die Zügel führen. Seine Regierung hatte zwei Möglichkeiten: Sie konnte sich den Deutschen bei der Verfolgung der Juden anschließen, sie konnte aber auch die Juden beschützen und sich ihrer Verschleppung widersetzen.

Wofür sich die Regierung in Vichy entschieden hatte, wurde nur zu bald klar. Innerhalb weniger Monate nach der Kapitulation erließ sie rassistische Gesetze, die in mancher Hinsicht noch strenger waren als in Deutschland. Als die Deutschen die Deportation von Juden aus Frankreich forderten, führten 35 000 französische Milizionäre und Polizisten diesen Befehl aus, während nur 2 500 Gestapo-Beamte an dem Unternehmen beteiligt waren. Etwa 75 000 Juden, rund ein Viertel der jüdischen Bevölkerung, wurden in Viehtransportwagen in die Todeslager im Osten gebracht. Nur 2 500 von ihnen, ganze drei Prozent, kehrten zurück.

Solche Entscheidungen kennzeichnen den Charakter des Regimes in Vichy und seine Überzeugung vom Ausgang dieses Krieges. Ebenso wichtig war die starke antisemitische Strömung im eigenen Volk. Diese Taten des Vichy-Regimes spiegelten die verbreiteten antijüdischen Gefühle wider. Der Antisemitismus war in Frankreich so stark wie in Rußland oder in Deutschland gewesen. Jetzt war er gegen die ausländischen Flüchtlinge sogar noch stärker, doch er richtete sich auch gegen die Juden französischer Herkunft. In Paris fand im Juli 1942 die erste Massenverhaftung von Juden, darunter auch von Frauen und Kindern, statt. Im folgenden Monat verlangten die Deutschen 50 000 Juden aus dem unbesetzten Südfrankreich. Die Regierung in Vichy gehorchte beflissen. Sie ging sogar noch über den Befehl hinaus, der sich damals ausschließlich auf erwachsene Juden bezog, und schlug vor, auch Kinder zu deportieren.

Die Verschleppungen wurden 1943 wiederholt, und wieder übernahm französische Polizei die massiven Festnahmen in beiden Teilen Frankreichs. Tausende versuchten, aus dem Lande zu fliehen, aber Spanien und die Schweiz, die an Frankreich grenzen, wiesen Flüchtlinge ab, und viele kehrten zurück. Ein verzweifelter heimlicher Verkehr begann an diesen Grenzen. Örtliche Helfer schmuggelten Menschen und riskierten dabei die Festnahme durch Polizei und Grenzwächter. Geldgierige sogenannte Helfer forderten große Summen für den Weg in die Sicherheit. Oft wurden Juden unterwegs ausgeraubt und von Menschen zurückgejagt, die sich als Polizisten ausgaben.

Juden, denen es nicht gelang, über die Grenzen zu entkommen, versuchten, in den Untergrund zu gehen. Manche fanden Unterschlupf in christlichen Wohnungen und Klöstern. In der Stadt Roanne zum Beispiel wurde ein Drittel der einheimischen Juden von Christen verborgen gehalten. Kinder hatten die besten Aussichten, versteckt zu überleben. Die ganz Kleinen wurden von Pflegemüttern in ländlichen Gebieten aufgenommen. Nonnen nahmen viele Kinder in ihren Klöstern auf. Man gab ihnen neue Namen und Papiere, um ihre jüdische Herkunft zu verschleiern. (Die wirklichen Namen wurden, wo immer es möglich war, insgeheim von jüdischen Hilfsorganisationen festgehalten.)

Viele Menschen vereinten sich zur Rettung jüdischer Kinder. Es waren Katholiken, Protestanten, Linke und Rechte. Manche handelten allein, andere in kleinen Gruppen, wieder andere mit Hilfe jüdischer und nichtjüdischer Organisationen. Amerikanische Hilfseinrichtungen der Quäker, der Unitarier und der YWCA (Young Women's Christian Association = Christlicher Verein Junger Mädchen) verhandelten mit der Regierung in Vichy um die Erlaubnis, jüdische Kinder aus den Sammellagern zu holen.

Was bedeutete es für Eltern, ihre Kinder in der schwachen Hoffnung fortzugeben, dadurch ihr Leben zu retten, zugleich aber auch mit dem Wissen, sie wahrscheinlich niemals wiederzusehen? Es gehörte große innere Kraft dazu, und manche brachten es nicht über sich, sich von ihren Kindern zu trennen. Jugendliche wollten ihre Familien nicht allein lassen und empfanden es als feige, sich vom Schicksal der Eltern abzusondern.

Aber die Trennungen waren häufig. Viele Kinder wurden in Häuser auf dem Lande gebracht, in friedliche Umgebungen, in denen man sie bis zum Ende des Krieges beschützen konnte. In einem einzigen Gutshaus lebten zum Beispiel ungefähr einhundert Kinder im Alter von vier bis zu sechzehn Jahren. Als die Deutschen jedoch Ende 1942 auch Südfrankreich besetzten, wurde es gefährlich, jüdische Kinder in so großen Gruppen unterzubringen. Mit Hilfe der Rettungsgruppen, die untereinander und auch mit dem französischen Widerstand verbunden waren, wurden die Heime allmählich geschlossen und die Kinder in Einzelverstecken untergebracht.

Zuerst wurden die Kinder »frisiert«. Man gab ihnen neue Namen, neue Papiere und Lebensmittelkarten, ehe man sie in die Obhut nichtjüdischer Familien gab. In den Orten wußte zumeist – abgesehen von einer Vertrauensperson – niemand, wer sie wirklich waren. Ein Kind mußte erst lernen, daß es nicht mehr Frieda, sondern Françoise hieß und unter allen Umständen an diesem neuen Namen festhalten mußte. Eine Frau, die mit diesen Kindern arbeitete, erinnert sich:

»Eines Tages war ich sehr ungeduldig mit einem kleinen Jungen, der seinen Namen schon einmal gewechselt hatte, damit er weniger polnisch-jüdisch und mehr französisch-jüdisch klingen sollte. Jetzt mußte er den Namen abermals wechseln, damit er mehr französisch-christlich klang. Um mich zu trösten, sagte er: ›Mach' dir keine Sorgen, ich bin an neue Namen gewöhnt.‹ Und dann setzte er bitter hinzu: ›Vielleicht weiß schon niemand mehr, wie ich wirklich heiße.‹«

Als die Franzosen am 16. Juli 1942 in Paris 13 000 staatenlose Juden festnahmen, retteten die katholische Hausmeisterin Marie Chotel und ihr Mann Henri einem kleinen jüdischen Mädchen das Leben. Die siebenjährige Odette Meyer war die Tochter polnischer Juden, die seit vielen Jahren in Frankreich lebten. Als am Morgen die Polizei kam, um das Mietshaus nach Juden zu durchsuchen, wurde Marie Chotel gerufen und hielt die Beamten mit antijüdischem Geschwätz und viel Wein so lange fest, bis sich Odette und ihre Mutter in einem Besenschrank verbergen konnten. Die

Polizisten kamen gar nicht dazu, den Raum zu durchsuchen.

Maries Mann Henri, Mitglied des Widerstandes, wurde von seiner Arbeitsstelle gerufen und kam sofort, um die kleine Odette in Sicherheit zu bringen. Jahre später erinnerte sich Odette an die Vorgänge:

»Wir gingen hinaus. Überall waren deutsche Soldaten. Er hielt meine Hand. Ich zitterte. Mein Hand zitterte. Ich erinnere mich, daß ich einen Lastwagen voller Juden sah. Er sagte zu mir: ›Schau immer nur auf deine Füße und geh weiter! Wenn jemand dich ruft, antworte nicht!‹ So gingen wir weiter. Niemand rief. Und ich schaute beim Gehen auf meine Füße. Wir erreichten den Eingang zur Untergrundbahn, und ich erinnere mich, daß ich mich herrlich sicher fühlte. Die Station war fast menschenleer, und wir mußten auf einen Zug warten, der uns zum Bahnhof brachte. Dort trafen wir andere Kinder und eine christliche Frau, die uns zu unserem Versteck auf dem Lande begleiten sollte. Alles war von der Résistance (Widerstandsbewegung in Frankreich gegen die deutsche Besatzung [Anm. d. Übersetzers]) vorbereitet. Ich kam für die Dauer der Besatzung in ein katholisches Dorf. Was aus mir geworden wäre, wenn dieser Mann und seine Frau mich nicht gerettet hätten, weiß ich genau. Ich wäre in den Gaskammern von Birkenau umgekommen.«

95 Prozent der jüdischen Kinder in Paris wurde an diesem Tag fortgeschafft. Nur fünf Prozent wurden gerettet.

Warum hat Marie Chotel geholfen? Sie war als uneheliches Kind in einem lothringischen Dorf geboren worden. Sie hatte eine geringe Schulbildung und fing sehr jung an zu arbeiten, zuerst als Zimmermädchen, dann als Kellnerin, schließlich als Hausmeisterin in Paris. Eine stämmige, angenehme, praktische Frau. Zur Kirche ging sie selten, aber sie führte ein gutes Leben. Als Odette geboren wurden erklärte die kinderlose Frau sich bereit, ihre Patin zu werden. Niemals ließ sie zu, daß antisemitische Nachbarn Odettes Familie etwas zuleide taten. Odette erinnert sich an sie:

»Madame Marie hatte eine sehr einfache Philosophie: Wir waren Juden, und sie wollte uns ihre Religion nicht aufzwingen, aber sie erzählte mir eine Geschichte. ›Das Herz ist wie eine Wohnung. Wenn es darin unordentlich ist, wenn nichts zu essen und zu trinken da ist, um es Gästen anzubieten, dann kommt auch kein Besuch in diese Wohnung. Wenn sie aber schön und sauber ist, wenn sie jeden Tag geputzt wird, wenn es etwas gibt, womit man Gäste erfreuen kann, dann kommen die Menschen und bleiben gern. Und wenn es ganz besonders schön ist, dann kommt sogar Gott selbst.‹ Das war alles.«

Madame Marie war für die kleine Odette so wichtig, daß sogar der bloße Klang ihres Namens sie trösten konnte. Als Odette sich in dem Dorf verbarg und als Katholikin galt, war das anfangs sehr fremd und furchterregend für sie. Als sie aber merkte, daß die frommen Menschen des Dorfes von der »Mutter Maria« sprachen, wußte sie, daß alles gut werden würde. »Wenn sie hier auch eine Marie haben, dann bin ich in Sicherheit.«

Noch eine andere Geschichte über eine helfende Hand, ehe wir zu André Trocmé und Le Chambon kommen.

John Weidner wurde in einer christlichen Familie aufgezogen, die Liebe für den Sinn ihres Lebens hielt. Aus der Bibel wußte er, daß Jesus Christus, selbst ein Jude, gesagt hatte, das größte Gebot sei es, seinen Nächsten zu lieben wie sich selbst. Daheim und in der Schule lehrte man ihn Mitleid und Hilfsbereitschaft. Sein Vater, ein Prediger der Sieben-Tage Adventisten, lehrte an der Schule, die auch John besuchte, Latein und Griechisch.

John arbeitete in Paris, als die Deutschen in Frankreich einfielen. Er hatte Hitlers »Mein Kampf« gelesen und wußte, wie die Juden in Deutschland verfolgt wurden. Als die Deutschen aber begannen, Juden auch in Frankreich festzunehmen, konnte er nicht glauben, was er doch sah: Die Unmenschlichkeit von Menschen gegen Menschen.

»Ich erinnere mich, daß ich auf dem Bahnhof in Lyon eine Gruppe jüdischer Frauen und Kinder sah, die man festgenommen hatte, um sie nach Osten zu transportieren. Eine Frau trug ein Baby auf dem Arm. Das Baby fing an, laut zu weinen. Der SS-Führer befahl der Frau, dafür zu sorgen, daß das Kind zu schreien aufhöre, doch sie konnte es nicht. Zornig riß der SS-Führer der Frau das Baby aus den Armen, schmetterte es auf den Boden und zertrat ihm den Kopf. Wir hörten das Weinen der Mutter. Es war entsetzlich. Und die ganze Zeit standen die SS-Führer lachend dabei.«

Solche Erlebnisse erschütterten alles, woran John glaubte, und er beschloß, den Juden zu helfen. Da er das Grenzgebiet zwischen der Schweiz und Frankreich in der Umgebung von Collones gut kannte, wo er zur Schule gegangen war, half er Juden, dort in die neutrale Schweiz zu gelangen. Erst arbeitete er allein, dann halfen ihm Verwandte und Freunde. Aber es gab zuviel zu tun. Er brauchte mehr Hilfe. Also organisierte er gemeinsam mit anderen eine Gruppe »Holland-Paris« und richtete eine geheime Route ein, auf der Menschen aus Holland und Belgien nach Frankreich und dann über die Grenze nach Genf geschafft wurden. Während des Krieges begleiteten sie über tausend Menschen, meistens Juden, aber auch alliierte Piloten, über diese Route.

Es war schwierig und gefährlich. Eine ihrer Mitarbeiterinnen wurde festgenommen und hielt unter der Folter nicht stand. Sie nannte alle ihr bekannten Namen von Gruppenmitgliedern, und in einer einzigen Nacht wurde mehr als die Hälfte der etwa dreihundert Mitarbeiter verhaftet und in Nazilager deportiert. Vierzig von ihnen, darunter Johns Schwester Gabrielle, kamen niemals wieder. John selbst wurde von der Gestapo verhaftet, geschlagen und gefoltert, doch er konnte entkommen.

Am deutlichsten erinnert er sich an die harten und brutalen Stimmen der Nazis. Sie waren ohne menschliches Gefühl, waren die verkörperte Macht und Gewalttätigkeit. Glücklicher sind seine Erinnerungen an die »einfachen, guten Menschen, die bereit waren, alles zu wagen, um zu helfen und Obdach zu gewähren.« Diese Bereitschaft fand er bei Menschen aller Konfessionen und auch bei Männern und Frauen ohne jede religiöse Bindung. »Das hat mich gelehrt, daß alle Theorien und Glaubensbekenntnisse nichts sind ohne die tätige Liebe.«

Aber nun zu Le Chambon, dem Ort im südlichen Mittelfrankreich, in den Bergen oberhalb von Lyon. Die Winter sind hier lang und kalt, das Dorf ist oft eingeschneit. Weniger als ein Prozent der Franzosen sind Protestanten, aber dieses Dorf mit seinen dreitausend Einwohnern ist schon seit dem sechzehnten Jahrhundert protestantisch. Die meisten Bewohner sind Nachkommen von Hugenotten, die auf dieses Hochplateau geflohen sind, um hier weiter ihren überkommenen christlichen Glauben zu praktizieren, ohne dafür bestraft zu werden. Über Generationen hinweg haben Pfarrer und Gemeindeglieder Verfolgung erlitten. Einige wurden wegen ihres Glaubens gehängt oder verbrannt. Der Widerstand gegen Verfolgungen schenkte den Bewohnern eine enge Solidarität, die niemals gebrochen wurde. Diese innere Einheit und selbstverständliche gegenseitige Hilfe sorgten dafür, daß es möglich wurde, während des Krieges Tausende von jüdischen Kindern und Erwachsenen zu retten.

Pastor André Trocmé und seine Frau Magda lebten mit ihren vier Kindern in diesem Dorf, als der Krieg ausbrach. Sie waren ein Paar unterschiedlicher Herkunft. Andrés Mutter war Deutsche, sein Vater Franzose; Magdas Vater war Italiener, ihre Mutter Russin.

Der junge Pastor Trocmé war 1934 in die Berggemeinde berufen worden. Hier fand er den alten Hugenottengeist noch lebendig. »Auch in der armseligsten Hütte fehlt die Bibel nicht«, schrieb er, »und der Vater liest täglich daraus vor. So stehen diese Menschen, die nicht die Zeitung, sondern die Bibel lesen, nicht auf dem Boden wechselnder Meinungen, sondern auf dem festen Grund, den allein das Wort Gottes bietet.«

Trocmé, fast vierzig Jahre alt, als der Krieg auf Frankreich übergriff, war ein großer, hellhäutiger Mann mit blauen Augen und voller Tatkraft. Er war zu tiefer Zuneigung fähig, aber auch zu mächtigem Zorn, wo er Ungerechtigkeit spürte. Seine gleichaltrige Frau ähnelte ihm in ihrer Tatkraft und in ihrer Bereitschaft, jedem zu helfen, der Nahrung und Obdach brauchte.

Bald nach der Ankunft der Trocmés in Le Chambon begründeten er und Edouard Theis, ein enger Freund und Prediger unter Trocmé, die Cévenol-Schule. Beide Männer waren während ihres Studiums in Paris der internationalen pazifistischen Organisation »Bruderschaft der Versöhnung« beigetreten und hatten mit den Gewerkschaften und den Armen zusammengearbeitet. Theis, ein kräftiger Mann, war etwas älter als André. Er, seine Frau Mildred und ihre acht Töchter teilten die Hingabe der Trocmés, den Lehren der Bergpredigt zu folgen. Ihre kleine Privatschule bereitete Jugendliche auf die Universität vor. Ihr Glaubensbekenntnis war das der Gewaltlosigkeit, des Internationalismus und des Friedens. Beide, Theis und Trocmé, waren Wehrdienstverweigerer aus Gewissensgründen, was um diese Zeit sehr selten war.

Als Hitler immer größere Teile Europas unter seine Herrschaft zwang, wuchs die Cévenol-Schule schnell, weil sie Flüchtlingskinder aus Ost- und Mitteleuropa aufnahm. Die Schüler waren bald überall im Ort, ebenso gab es überall Klassenräume. Von der Kanzel wie in der Schule predigten Theis und Trocmé den Widerstand gegen das Böse und die Vorbereitung auf jede Gelegenheit, im Geiste gewaltlosen Widerstandes tätig zu werden.

Für die beiden Geistlichen bedeutete Gewaltlosigkeit nicht Passivität oder Tatenlosigkeit. Widerstand gegen die Gewalt, gegen Krieg, Nazismus, gegen das Böse schlechthin, beinhaltete gerade das Vorbereiten von Aktivitäten. Die Achtung vor dem Leben verlangte auch die Verweigerung allen Tötens.

Le Chambon lag im unbesetzten Frankreich. Eines Tages traf in der Cévenol-Schule die Anweisung ein, in den Klassenzimmern Bilder des Marschalls Pétain aufzuhängen. Die beiden Prediger taten es nicht. Dann folgte die Anordnung, jeden Schultag mit dem Hissen der Flagge zu beginnen. Sie taten es nicht. Der faschistische Gruß für die Flagge wurde befohlen. Sie gehorchten nicht. Die Bewohner des Dorfes bemerkten sehr wohl die stillen Widerstandshandlungen in der Schule, mit denen ein deutliches Nein zur Tyrannei gesagt wurde.

Pétain hatte Jugendlager in Frankreich organisiert und ordnete an, daß alle jungen Männer im Alter von zwanzig Jahren acht Monate in einem dieser Lager verbringen sollten, um dort im Geiste des Nationalsozialismus erzogen zu werden, wie es mit der Hitler-Jugend in Deutschland geschah. Die Jugend von Le Chambon nahm niemals an diesen Lagern teil. Georges Lamirand, Jugendminister in

Vichy, kam deswegen nach Le Chambon, um – wie Trocmé es sah – die Jugend zu überreden, ihr Gewissen aufzugeben. Während seines Besuches händigten Schüler von Cévenol dem Minister ein Protestschreiben gegen die Verschleppung von Juden aus Paris aus. Darin warnten sie die Regierung in Vichy:

»Wir fühlen uns verpflichtet, Ihnen zu sagen, daß es unter uns eine Anzahl von Juden gibt. Wir machen keinen Unterschied zwischen Juden und Nichtjuden. Das widerspräche der Lehre des Evangeliums. Wenn unsere Kameraden, deren einzige Schuld es ist, in einer anderen Religion als der unseren geboren zu sein, den Befehl erhielten, sich deportieren zu lassen, wenn sie auch nur vernommen werden sollten, werden sie sich solchen Befehlen widersetzen, und wir würden nach besten Kräften versuchen, sie vor allen Verfolgern zu verstecken.«

So hatten sich die Menschen von Le Chambon öffentlich erklärt. Der Polizeichef des Bezirks war wütend und machte Trocmé für diese Konfrontation verantwortlich. Die Deportation, so behauptete er, sei nichts weiter als eine »Neuordnung« der europäischen Juden in Polen. Dann deutete er an, die Regierung in Vichy habe ihn beauftragt, Juden aus Le Chambon festzunehmen. Um diese Zeit wußte man in dem Dorf noch nichts von Vernichtungslagern. Aber eines wußte man – sagte Trocmé – genau: »Daß es böse ist, einen Bruder auszuliefern, der sich uns anvertraut hat. Dazu waren wir nicht bereit.«

Die beiden Geistlichen planten sofort, wie man die in Le Chambon lebenden Juden und alle, die etwa noch hinzukommen sollten, in Sicherheit bringen könnte. Flüchtlinge zu verbergen, war für sie keine neue Aufgabe. Sie kannten die Verstecke, die die Hugenotten schon vor dreihundert Jahren benutzt hatten. Die ganze Umgebung machten sie mobil.

Kein einziger Bauer weit und breit würde sich weigern, Juden zu verstecken, wenn es notwendig werden sollte.

Zwei Wochen später, an einem Samstagabend, kamen zwei khakifarbene Lastwagen der Polizei, von motorisierten Polizisten begleitet, in das Dorf. Trocmé wurde gerufen. »Sie kennen alle Juden in diesem Dorf«, sagte man ihm. »Geben Sie uns eine Liste!« Trocmé antwortete wahrheitsgemäß, daß er die Namen nicht wisse. (Alle hatten falsche Papiere, und man hatte sorgfältig vermieden, die wirklichen Namen zu erwähnen.) »Aber selbst wenn ich eine solche Liste besäße«, fügte er hinzu, »würde ich sie Ihnen nicht geben. Diese Menschen haben bei uns Schutz gesucht. Ich bin ihr Pastor, und ich werde sie nicht verraten.«

»Wenn Sie meinem Befehl nicht bis morgen abend gehorchen«, drohte der Polizeichef, »werden Sie selbst verhaftet und deportiert. Widerstand ist zwecklos. Wir wissen, wo Ihre Juden versteckt sind.«

Als die Polizisten in ihrem Bus schliefen, ging Trocmé in sein Büro und traf sich dort mit den Pfadfindern und den Leitern seiner Bibelklassen. Er schickte sie zu den Bauern in den abgelegenen Gehöften der Umgebung, wo Juden versteckt waren. Sie sollten sich für einige Zeit in den Wäldern verbergen. Es war alles vorbereitet.

Am nächsten Morgen durchsuchte die Polizei jedes Haus des Dorfes und die meisten Bauernhöfe in der Nähe. Kein Jude wurde gefunden. Drei Wochen lang kam die Polizei immer wieder, um jedes Haus vom Keller bis zum Dach zu durchkämmen. Es kam zu keiner einzigen Festnahme. Endlich gab die Polizei auf.

Etwas Seltsames geschah. Während sich der Widerstand in Le Chambon verstärkte, begannen viele Vichy-Polizisten, den Juden und den Dorfbewohnern zu helfen. Nicht offiziell, aber persönlich. Viele wurden durch das persönliche Beispiel der Menschen bekehrt, die sich weigerten, Unschuldige zu hassen oder zu verfolgen. Immer wieder wurden derartige Befehle einfach ignoriert. Selbst als die Deutschen auch Südfrankreich besetzten und die Gestapo die Leitung der Polizei übernahm, empfingen die Trocmés nachts geheimnisvolle Anrufe: »Achtung! Morgen früh!« Auf solche Warnungen hin verschwanden die Juden sofort.

Alles begann im Winter 1940/41 nach der Niederlage Frankreichs. An einem bitterkalten Abend hörte Magda Trocmé ein Klopfen an der Tür. Sie öffnete, und vor ihr stand eine völlig verängstige Frau, die vor Kälte und Furcht zitterte. Es war eine deutsche Jüdin. »Kommen Sie herein!« sagte Magda. Die Frau war aus Deutschland geflohen, hatte einige Zeit im besetzten Gebiet gelebt und war bei zunehmender Verfolgung in das Vichy-Gebiet übergewechselt. Sie sei in Gefahr, sagte sie, und habe gehört, daß man ihr in Le Chambon vielleicht helfen würde. Magda beruhigte die Frau, gab ihr zu essen, dann holte sie Hilfe. Ihr war klar, daß die Frau falsche Papiere brauchte, denn es gab häufig unerwartete Durchsuchungen, und wenn die Frau dabei entdeckt wurde, schickte man sie nach Deutschland zurück. Es war niemals leicht, Flüchtlingen zu helfen, aber die Trocmés lernten schnell, wie sie aus Le Chambon den sichersten Zufluchtsort für Juden in ganz Europa machen konnten.

Nach dieser ersten Begegnung mit einem Flüchtling ermächtigte der Gemeinderat André Trocmé, Möglichkeiten zu schaffen, um Flüchtlingen nach Süden über die Grenze zu helfen. Man stellte ihm Geld und Lebensmittel in Aussicht. Er sprach im Büro der amerikanischen Quäker in Marseille vor, denn er wußte, daß die Quäker viel für die unglücklichen Insassen der Intiernierungslager in Südfrankreich taten. Burns Chalmers wußte schon vor dem ersten

Gespräch der beiden Männer, welchen Einfluß André Trocmé als Führer des gewaltlosen Widerstandes ausübte. Sie kamen überein, Le Chambon zu einer Zuflucht für Kinder werden zu lassen. Kinder von Flüchtlingen sollten wissen, daß es Menschen außerhalb ihrer eigenen Familien gab, die für sie sorgten. Indem man das Leiden dieser Kinder linderte, konnte man ihnen Hoffnung und ein Vorbild für das eigene moralische Leben schenken.

Die Quäker taten alles, was in ihrer Macht stand, um die Menschen in den von ihnen betreuten Internierungslagern vor einer Deportation in die deutschen Zwangsarbeitslager zu bewahren. Wurden die Eltern trotzdem verschleppt, so kümmerten sie sich um die Kinder und waren bereit, sie außerhalb der Lager unterzubringen. Es war nicht leicht, eine Gemeinschaft zu finden, die bereit war, die eigene Sicherheit aufs Spiel zu setzen, um so gefährlichen Gästen zu helfen. Wer ein solches Kind aufnahm, mußte es ernähren, erziehen und beschützen.

Wie viele Orte gab es, in denen die Menschen bereit waren, das eigene Leben zu gefährden? Die meisten Menschen waren zu sehr mit ihrer eigenen Sicherheit beschäftigt, um eine solche Verantwortung auf sich zu nehmen. Und sollte man wirklich völlig fremde Menschen, Juden und Ausländer, in die Vertrautheit des eigenen Heims aufnehmen?

Trocmé sagte: »Wir tun es!« Und Le Chambon ging an die Arbeit.

Im Mittelpunkt aller Rettungsbemühungen standen Trocmé und seine Gemeinde. Jeden Sonntag stärkten Trocmé und Theis durch ihre Predigten die Entschlossenheit der Dorfbewohner. Ihre bevorzugten biblischen Texte waren das Gleichnis vom Barmherzigen Samariter aus dem Lukas-Evangelium und die Bergpredigt. Sie sprachen davon, wie wichtig es sei, dem eigenen Gewissen zu folgen, auch wenn man dadurch in Widerspruch zu staatlichen Befehlen geriete. Die größte Pflicht sei Hilfe für die Schwachen, auch wenn dazu Ungehorsam gegen die Starken gehöre.

Einmal sagte Trocmé in einer Predigt nach der Verhaftung der Pariser Juden: »Es ist eine Schande für Europa, daß so etwas geschehen kann, daß wir Franzosen nicht gegen so barbarische Taten aufstehen können, die aus einer Zeit stammen, die wir längst vergangen glaubten. Die Christenheit sollte auf die Knie fallen und Gott für die gegenwärtige Schwachheit und Feigheit um Vergebung bitten.«

Immer mehr Flüchtlinge kamen nach Le Chambon. Ein nationaler Verantwortlicher aus Andrés Kirche wollte ihn bewegen, seine Arbeit einzustellen, die nicht nur für das Dorf, sondern auch für die ganze protestantische Kirche Frankreichs gefährlich sei. André entgegnete: »Wenn wir aufhören, werden viele dieser Menschen verhungern, werden ohne Obdach umkommen, werden gefangen und verschleppt werden. Wir dürfen und können nicht aufhören!« Dann bot André dem Kirchenrat seiner Gemeinde seinen Rücktritt an, doch man lehnte ab und bat ihn, auch weiterhin den Juden zu helfen, welche Anordnungen und Gesetze er damit auch verletze.

Eine große Hilfe für André bedeuteten die dreizehn Jugendgruppen, die er in der Kirche zum Bibelstudium gegründet hatte. Mit deren Leitern traf er sich einmal alle vierzehn Tage zur Bibelarbeit. Dann gingen die Leiter in ihre dreizehn Gruppen und gaben weiter, was sie mit André Trocmé besprochen hatten. Die Zahl der Teilnehmer wuchs unaufhörlich, und die Gruppenleiter wurden zum Kommunikationsnetz für die Unterbringung der Juden. Aus ihren Besprechungen entstanden Pläne zur »Überwindung des Bösen durch das Gute«. Die »Verantwortlichen«, wie die Gruppenleiter genannt wurden, erfüllten ihre Mission voller Hingabe.

Aber erst die Bewohner von Le Chambon machten es möglich, daß die Pläne auch realisiert werden konnten. Die Häuser des Dorfes wurden zum Mittelpunkt des Lebens für die versteckten Flüchtlinge. Einige dieser Häuser wurden von auswärtigen Organisationen finanziert, von katholischen Gruppen, vom Weltrat der Kirchen, von den Regierungen Schwedens und der Schweiz. Eine ausschließlich von Frauen begründete und geleitete Gruppe entwickelte Teams, die Juden über die Berge in die Schweiz schleusten.

Es gab Gasthöfe und Pensionen inmitten des Ortes, die zur Mitarbeit bereit waren. Madame Eyraud nahm ausschließlich Jungen auf, Hunderte im Laufe des Krieges, viele von ihnen Juden, die sie geschickt verkleidete oder verbarg, wenn unerwartet Suchgruppen auftauchten. Die Familie Arions beherbergte heranwachsende Mädchen, darunter viele jüdische Schülerinnen der Cévenol-Schule. Es gab ein Dutzend oder mehr solcher Pensionen im Dorf und eine noch größere Zahl von Privathäusern, die Kinder und Familien aufnahmen, manchmal für kurze Zeit, oft aber auch für Jahre.

Im Laufe der Nazibesatzung kamen etwa 2 500 jüdische Flüchtlinge aller Altersstufen nach Le Chambon. Nachdem Magda Trocmé einer ersten Flüchtlingsfrau die Tür geöffnet hatte, schickte niemand mehr im Dorf jemanden von seiner Schwelle, niemand verriet einen Hilfesuchenden. Alle Flüchtlinge machten sich nützlich: Sie kochten, putzten, wuschen Kleider, nähten, reparierten Möbel, pflegten Kranke, beaufsichtigten Kinder, übernahmen jede nur mögliche Arbeit ohne Rücksicht auf die Dauer ihres Aufenthalts.

Als die Bewohner sich einverstanden erklärten, ihr Dorf zu einer Zuflucht für Flüchtlinge werden zu lassen, bat

André Trocmé seinen jungen Vetter Daniel, die Leitung der beiden zuerst finanzierten Häuser zu übernehmen. Das eine hieß »Grillenhaus«, das andere »Felsenhaus«. Daniel, von Beruf Lehrer, war für die Kinder deportierter Eltern verantwortlich. Schlank und lebhaft, mit einem Herzleiden, das durch die Gebirgsluft nur noch verschlimmert wurde, arbeitete er voller Hingabe für die Kinder. Er kochte ihre Suppe, besohlte ihre Schuhe, flickte ihre Kleider und unterrichtete sie.

Im Sommer 1943 wurde ein Polizeiagent von der Résistance in Le Chambon erschossen. Um diese Tötung zu rächen, trieb die Gestapo alle unter der Obhut Daniel Trocmés stehenden Kinder zusammen und transportierte sie in das Vernichtungslager Maidanek in Polen. Einige der jüdischen Kinder überlebten und berichteten, Daniel sei vergast und verbrannt worden. Das war der einzige »erfolgreiche« Überfall der Gestapo auf Le Chambon.

Schon früher im Laufe des Jahres waren André, Theis und ein Lehrer verhaftet und in das Straflager Gurs gebracht worden. Sie waren überzeugt, sterben zu müssen. Mächtiger Einfluß scheint jedoch ihre Entlassung nach einem Monat bewirkt zu haben. Jetzt, nach der Deportation Daniels und seiner jüdischen Kinder, erfuhren die beiden Geistlichen, daß sie auf einer Todesliste der Gestapo standen. Sie verschwanden. Trocmé versteckte sich ein Jahr lang in den Bergen, blieb jedoch in ständigem Kontakt zu seiner Gemeinde. Theis schloß sich einer anderen Gruppe an und half, Juden über die Grenze in die Schweiz zu schmuggeln.

Im Juli 1944 landeten die Alliierten in der Normandie. Bald darauf kehrte Trocmé in sein Dorf zurück. Er stellte fest, daß viele junge Leute seiner Schule sich der Résistance angeschlossen hatten. Sie hatten die Gewaltlosigkeit aufgegeben und verübten Sabotageakte und Überfälle auf deutsche Truppen. Le Chambon aber war zu einer noch wichtigeren Station zahlloser Flüchtlinge auf ihrem Weg in die Freiheit geworden. Die Kinderhäuser waren ständig voll belegt. Magda und die anderen Frauen hatten die Arbeit fortgesetzt und dafür gesorgt, daß in Le Chambon auch weiterhin das Gewissen regierte.

Im September 1944 befreiten französische Einheiten Le Chambon. Die Flüchtlinge verließen den Ort, die Kinderhäuser wurden geschlossen, die Zahl der Schüler sank um die Hälfte. Die Bewohner waren froh und erleichtert. André, jetzt dreiundvierzig Jahre alt, war vom ständigen Kampf um das Überleben verfolgter Menschen ausgelaugt. Er hatte die härtesten, aber auch die sinnvollsten Jahre seines Lebens hinter sich. Zwei Jahre später wurde er der europäische Leiter der »Bruderschaft für die Versöhnung«. Im Jahre 1971 starb er. »Dieser schwierige, gefährliche Trocmé«, wie seine nationale Kirchenleitung ihn genannt hatte, war der Anlaß dafür, daß in Le Chambon das Gute gesiegt hatte.

7 Ein Volk von Helfern

Im Dorf Le Chambon schlossen sich alle Bewohner zusammen, um das Leben Tausender von Juden zu retten. In Dänemark ereignete sich ein anderes bemerkenswertes Beispiel menschlicher Solidarität. Die dänischen Juden wurden durch das Handeln eines ganzen Volkes gerettet. Wie geschah das?

Zu Kriegsbeginn lebten in Dänemark weniger als 8 000 Juden, die meisten von ihnen in der Hauptstadt Kopenhagen. Nur 0,2 Prozent der 4,5 Millionen Dänen waren Juden, und sie waren in das wirtschaftliche und kulturelle Leben des Landes voll integriert. Viele hatten Christen geheiratet. Seit über 125 Jahren genossen sie die vollen Bürgerrechte. Antisemitismus was fast unbekannt. Als Hitler in den dreißiger Jahren seine Angriffe auf die Juden begann, waren die Dänen tief betroffen. Die wenigen Nazisympathisanten des Landes waren eine verachtete Minderheit.

Im April 1940 führten die Deutschen einen Blitzangriff gegen Dänemark. Die Dänen waren davon völlig überrascht, ihre winzige Armee war schnell überwältigt. Die Regierung stimmte der Kapitulation zu. Sie beharrte dabei jedoch auf gewisse Bedingungen. Da die Deutschen die Dänen als ein »nordisches« Volk wie sich selber betrachteten, erwarteten sie keine große Schwierigkeiten von dieser Seite. Warum sollten sie also keine Zugeständnisse machen?

Zu den dänischen Bedingungen gehörte auch der Verzicht auf jede Diskriminierung der Juden und auf den Versuch, dänische Soldaten zur Hilfe für die Wehrmacht zu gewinnen. Die Juden sind Bürger wie alle anderen Dänen, erklärte die Regierung, und dürfen vom Rest unseres Volkes nicht getrennt werden.

Über den Verlust ihrer Freiheit empfanden die Dänen Zorn und Scham. Aber solange 8 000 Juden im Lande frei leben konnten, fühlten sie sich nicht besiegt, auch wenn deutsche Soldaten ihre Straßen beherrschten. Die dänischen Juden wurden zum Symbol nationalen Zusammenhalts. Eine Widerstandsbewegung entstand in der Hoffnung auf die Bewahrung nationaler Unabhängigkeit und demokratischer Grundwerte. Während die meisten Dänen sich für den passiven Widerstand entschieden, bewaffneten sich andere für den aktiven Widerstand und nützten Sabotage, Aufruhr und Streiks als Kampfmittel gegen die Nazibesatzung.

Durch den Widerstand verärgert, versuchten die Deutschen zu Beginn des Jahres 1943, die dänische Regierung zur Hinnahme antijüdischer Maßnahmen zu bewegen. Die Regierung weigerte sich, denn für sie bedeutete der Kampf für die Juden zugleich der Kampf um das Überleben ihres Landes. Dann verlangten die Deutschen, die Dänen sollten ihre Juden in Gettos sperren und sie zum Tragen des gelben Sterns verpflichten. König Christian X. weigerte sich und wurde darin von seinem ganzen Volk unterstützt, dessen innere Kraft durch die Nachrichten über erste Niederlagen der deutschen Wehrmacht in Afrika und in Stalingrad noch weiter wuchs. Jetzt waren die Alliierten auch noch in Italien gelandet; das Mussolini-Regime war gestürzt.

Im August 1943 erreichten Streiks und Sabotage in Dänemark einen neuen Höhepunkt. Die Deutschen verhängten das Kriegsrecht und übernahmen die unmittelbare Regierungsgewalt. Hitlers Experten für die »Endlösung« trafen ein, um die Deportation in die Todeslager zu organisieren.

Der 1. Oktober sollte der Tag der Massenverhaftungen sein. Der Plan war unter strenger Geheimhaltung gefaßt worden. Georg Duckwitz, der deutsche Marineattaché in Kopenhagen, erhielt den Auftrag, Frachtschiffe bereitzustellen, um alle Juden auf einmal abtransportieren zu können. Ohne Rücksicht auf seine eigene Sicherheit informierte Duckwitz zwei dänische politische Führer von der unmittelbar bevorstehenden Maßnahme. Diese gaben die Information an die Leiter des dänischen jüdischen Komitees weiter, die zuerst gar nicht daran glauben wollten.

Am 29. September, dem Vorabend des jüdischen Neujahrstages, wurde die Nachricht in der Synagoge verbreitet. Die zum Gottesdienst versammelten Juden schwärmten sofort über die ganze Stadt aus, um jeden erreichbaren Juden zu warnen. Mitglieder der Untergrundbewegung gaben die Warnung ebenfalls an Juden weiter, vor allem an solche, die außerhalb der Stadt lebten. Überall in der Stadt wurden Menschen angehalten und gefragt: »Sind Sie Jude? Haben Sie jüdische Freunde oder Nachbarn? Sagen Sie ihnen Bescheid!« Dänische Wohnungen wurden Juden als zeitweiliges Versteck angeboten, während Rettungspläne geschmiedet wurden.

Für die jüdischen Bürger bedeutete die Aufforderung zur Flucht einen mächtigen Schock. Bisher war jeder gegen sie geplante Schritt mißlungen, und sie hatten ein fast normales Leben geführt. Sie trugen keinen Stern, lebten nicht im Getto, waren nicht enteignet, litten keinen Hunger. Um ihre Zukunft machten sie sich so große Sorgen wie andere Dänen auch, aber nicht mehr. Jetzt waren sie wie betäubt. Anfangs wollten sie die Warnungen nicht glauben. Es gab auch keine Pläne für solche Krisensituation. Zum Glück aber waren Körper und Geist noch intakt; keine Verfolgung hatte sie bisher beeinträchtigt.

Während die Nachricht über die bevorstehende Deportation sich schnell über ganz Dänemark ausbreitete, wurden die Juden tätig. Die meisten dachten daran, sich nur für kurze Zeit zu verstecken, bis der Sturm vorüber war, um dann wieder heimzukehren. Andere fürchteten das Schlimmste und wollten nach Schweden fliehen. Alle verließen sich auf die Hilfe von Familie und Freunden. Ihre eigene Organisation hatte keinen Rettungsplan vorbereitet, deshalb waren die wenigen hundert Juden, die in die Fänge der Nationalsozialisten gerieten, vor allem die Alten und Kranken in ihren Pflegeheimen.

Sobald die schwedische Regierung von dem Deportationsplan erfuhr, teilte sie der deutschen Regierung ihre Bereitschaft mit, alle dänischen Juden auf neutrales schwedisches Gebiet zu überführen. Daran waren die Nationalsozialisten nicht interessiert. Sie wollten die Juden nicht einfach aus Dänemark entfernen, sondern sie wollten sie töten. Und das schnell. Der einzige mögliche Fluchtweg war die schmale Wasserstraße zwischen Dänemark und Schweden. Auf deutscher Seite wußte man das selbstverständlich und schickte Kanonenboote an die Küste, um sicherzustellen, daß kein Jude davonkam. Deutsche Polizeiwagen patrouillierten durch die Straßen, während Soldaten und Gestapo die Häfen überwachten.

Zwischen der Warnung und der Stunde Null am 1. Oktober blieben nur zwei Tage Zeit zum Handeln. Wenn nicht viele Dänen bereit waren, das eigene Leben zu wagen, um den Bedrängten zu helfen, war die Rettung Tausender von Menschen unmöglich.

Am Abend des 1. Oktober, eines Freitags, wurden alle Telefonverbindungen unterbrochen. Die deutsche Aktion begann. Der dänische Autor Erling Foss berichtet, was geschah:

»Vor allen Häusern mit jüdischen Namensschildern erschienen deutsche Polizeikommandos. In Villenvierteln kreisten sie die Häuser ein. Kranke nahmen sie nicht mit und ließen auch diejenigen laufen, die beweisen konnten, daß sie mit Nichtjuden verheiratet waren. Der Ausdruck in den Augen derer, die an Bord von zwei Schiffen gebracht wurden, war herzzerreißend, wie es in Berichten aus der Stadt hieß ...

Von bestimmten Sammelpunkten aus nahmen Polizeilastwagen ihre im voraus festgelegten Ausgangspositionen ein. Von dort wurden die Verhaftungskommandos ausgesandt. Zugleich wurden die Telefonverbindungen so vollständig lahmgelegt, daß nicht einmal mehr Flugüberwachung und Notdienste funktionierten. Das Büro Ritzau, die offizielle dänische Nachrichtenagentur, war besetzt worden, damit der Fernschreiber dort nicht benutzt werden konnte ... Das Ergreifen der Gesuchten geschah auf unterschiedliche Weise. Es war schwierig, ein klares Bild zu gewinnen. Manche Kommandos gaben sich damit zufrieden, an den Haustüren zu läuten und wieder zu gehen, wenn nicht geöffnet wurde. Anderenorts wurden die Türen eingeschlagen und alle Hausbewohner vernommen, um festzustellen, was sie vom Verbleib der jüdischen Mitbewohner wußten ... Jedes Kommando war von dänischsprechenden Helfern begleitet. Die furchtbarsten Szenen spielten sich ab. Ganze Familien wurden fortgeschafft. Daraus entstand bei den Augenzeugen ein tieferer Haß als durch alle vorhergehenden Aktionen. 92jährige Greise und zwei Monate alte Babys wurden mitgenommen und an Bord der Schiffe gebracht. Frau Texière, die 102 Jahre alte Mutter eines bekannten Schauspielers, war unter den Deportierten.

Das Altersheim in der Nähe der Synagoge an der Krystalgade wurde von 150 Mann umstellt, und alle 60 bis 90 Jahre alten Bewohner wurden mitgenommen. Hier gingen die Deutschen mit unglaublicher Brutalität vor. Sie stürmten in das Zimmer einer alten, gelähmten Frau, die seit elf Jahren bettlägerig war. Da sie nicht aufstehen konnte, wurde sie mit Lederriemen gefesselt und in die Synagoge geschleppt, wo die Alten gesammelt wurden. Hier unterzog man sie einem Kreuzverhör über ihre Bekanntschaft mit diesem oder jenem Saboteur, und obwohl es nur zu natürlich war, daß sie keinen davon kannte, wurde sie geschlagen und getreten. In der Synagoge wie in den durchsuchten Wohnungen stahlen die Deutschen alles Wertvolle, was ihnen in die Hände fiel. Deutsche Polizisten verrichteten ihre Notdurft in der Synagoge.«

Naziberichte sagen aus, daß an diesem Abend 284 Juden festgenommen wurden. Die geringe Zahl beweist den Fehlschlag der Aktion. Die Juden waren dem Zugriff entronnen und über Nacht verschwunden. Daraus konnten die Nationalsozialisten nur die Lehre ziehen, daß die »Endlösung« dann unmöglich wurde, wenn das Volk, in dem die Juden lebten, sich ihr widersetzte.

Wie hatten die Dänen das bewerkstelligt? Die Flucht nach Schweden war nicht leicht. Seit Jahren hatten Mitglieder des Widerstandes, die Nazirache zu fürchten hatten, aber auch dänische Juden, versucht, auf diesem Wege zu entkommen. Deutsche Minenfelder und Patrouillenboote bedeuteten ein hohes Risiko. Manche schafften es, anderen mißlang die Flucht. Als die Deutschen noch unbesiegbar schienen, waren die Schweden nicht sehr hilfsbereit, da sie fürchteten, die Aufnahme von Flüchtlingen könnte ihre neutrale Position gefährden.

Die Drohung, die Juden zu deportieren, erregte die Dänen mehr als alles, was die Besatzer bisher getan hatten. Es war ein Befehl ohne militärischen oder wirtschaftlichen Sinn. Das einzige Ziel war die Vernichtung unschuldiger Menschen. Die Deutschen vermuteten nicht, daß diese Aktion einen bisher überwiegend passiven Widerstand in einen offenen Kampf verwandeln würde. Sie hatten die friedlichen, gesetzestreuen Dänen zu Untergrundkämpfern gemacht.

Am 3. Oktober veröffentlichten dänische Bischöfe einen Protest gegen die Deportation. Sie erklärten, Judenverfolgung sei unvereinbar mit dem christlichen Gebot der Nächstenliebe. Die Kirche garantierte »unseren jüdischen Brüdern und Schwestern dieselbe Freiheit, die wir mehr als unser Leben lieben«. Hilfe zur Rettung der Juden bedeute einen Beitrag zur Verteidigung von Recht und Freiheit für alle.

Die Dänen wollten den Befehlen keiner Autorität gehorchen, wenn sie dadurch gegen das eigene Gewissen handeln mußten.

Die nächtliche Rettungsaktion war eine wahre Herkulesarbeit. Juden mußten gewarnt, Verstecke für sie gefunden werden, man mußte Geld auftreiben, Boote für die Überfahrt nach Schweden finden. Juden wurden durch Nachbarn, Freunde, Gewerkschaftler, Lehrer, Arbeitgeber, Studenten, Journalisten, Politiker, Geistliche, Beamte gewarnt, sogar durch einige Deutsche. Die meisten Juden hörten dieselbe Nachricht aus unterschiedlichen Quellen wieder und wieder. Innerhalb weniger Stunden übergaben sie ihre Büros und Wohnungen an Freunde oder Geschäftspartner, vertrauten ihre Geschäfte, Wertgegenstände und Bankkonten ihren Vertrauenspersonen an und waren zur Flucht bereit.

Aber wohin? Manche zogen in die Wohnungen oder Sommerhäuser von Freunden. Überall nahmen Menschen ganze Familien bei sich auf, stellten Betten, Nahrung und Kleidung. Bezahlung wurde nicht angenommen. Selbst völlig Fremde boten Juden, denen sie auf der Straße begegneten, die Schlüssel zu ihren Wohnungen an.

Am schwierigsten war es, die Juden zu finden, die geflohen waren, um sich in den Wäldern oder sonst irgendwo zu verbergen. Die meisten von ihnen waren Arbeiter, die nicht genügend Geld für eine Flucht nach Schweden besaßen. Mitglieder ärztlicher Berufe übernahmen die Suche nach ihnen, fanden sie, brachten sie in die Stadt zurück, brachten sie in Krankenhäusern unter, bis sie nach Schweden geschafft werden konnten. Sie hielten es für einen natürlichen Bestandteil ihres Berufes, Leben zu schützen und zu bewahren.

Viele Fischer, die zum Einsatz ihres Lebens und ihrer Boote bereit waren, wurden für das Rettungswerk benötigt. Boote aller Art wurden verwendet. Manche konnten nur wenige Flüchtlinge aufnehmen, andere eine größere Anzahl. Frachtschiffe, die Hunderte von Flüchtlingen in den Laderäumen unterbringen konnten, versteckten ebenso gejagte Menschen an Bord wie kleine Personendampfer, die Routen zu deutschen Häfen befuhren. Sie wichen ein wenig vom Kurs ab, trafen unterwegs – nach vorheriger Verabredung – schwedische Boote und übergaben ihnen die Flüchtlinge.

Die meisten Retter arbeiteten direkt mit Fischern zusammen, doch Erling Kiaer, ein Buchbinder mit geringer Seefahrtserfahrung, kaufte ein eigenes kleines Boot und betrieb damit einen Fluchtdienst an der schmalsten Stelle zwischen Dänemark und Schweden. Seine Rettungsgruppe sammelte Juden, die sich in Wohnungen in den Küstenorten verbargen, und schaffte sie nach Schweden hinüber.

Eine Jüdin berichtete von ihrer gefahrvollen Rettung:

»Ein Mann gab das Zeichen zum Aufbruch. Mit dem Taxi wurden wir zum Strand in der Nähe eines kleinen Fischereihafens gefahren. Jeder der vier Passagiere und der Fluchthelfer wurden unter einem Busch am Strand verborgen. Zu einem bestimmten Zeitpunkt sollten wir dann auf den Hafen zukriechen, wo ein von Deutschen bemannter Beobachtungsturm stand. Den ganzen Tag über lagen wir an den Boden gepreßt und warteten auf den Anbruch der Dunkelheit. Auf der nahen Straße fuhren Wagen vorüber. Wir zitterten vor Angst. Einmal hielt ein Lastwagen ganz in der Nähe unserer Verstecke, aber zum Glück transportierte er Widerstandskämpfer, die uns mit der Nachricht trösteten, daß sich ganz in der Nähe eine Untergrundgruppe aufhielt. Soweit wir wußten, waren die Deutschen auf dem Turm bestochen worden, damit sie beide Augen zudrückten. Um sieben Uhr abends bot sich ein seltsamer Anblick. Aus den Büschen längs des Strandes krochen menschliche Gestalten hervor. Wir begriffen, daß es sich um weitere Flüchtlinge handelte, deren Anwesenheit wir bisher nicht bemerkt hatten. Nach einiger Zeit erreichten wir ohne Zwischenfall das Fischerboot und wurden unter Deck verstaut wie Heringe in der Tonne. Da jedoch der Platz unter Deck nicht ausreichte, wurden einige von uns in Fischernetze gewickelt, in Säcke gesteckt und an Deck gelagert.

Die vielen Minen zwangen zu einem erheblichen Umweg, und außerdem bestand die Gefahr, auf Grund zu laufen. Es mußte ständig mit dem Echolot gearbeitet werden. Die Fischer wußten, daß wir an zwei deutschen Patrouillenbooten vorbeilaufen würden, die mit Suchscheinwerfern ausgestattet waren. Außer zwei Besatzungsmitgliedern waren 21 Flüchtlinge an Bord, die sich allerdings erst am nächsten Morgen sehen sollten. Um acht Uhr setzte das Boot die Segel, nachdem wir uns von unseren verschiedenen Helfern verabschiedet hatten, unter denen sich auch ein einflußreicher Freiheitskämpfer befand, von dem wir weder den Namen noch den Decöknamen kannten. Wir wußten nur, daß es sich wahrscheinlich um einen Lehrer handelte, und später erfuhren wir in Schweden, er sei von den Deutschen getötet worden. Kurz nach unserem Aufbruch kam ein Wind auf, und viele von uns wurden seekrank. Sie mußten an Deck kommen, weil sie es in dem stinkenden Stauraum nicht mehr aushalten konnten.

Dann sahen wir den Suchscheinwerfer eines deutschen Patrouillenbootes. Der Motor wurde sofort gestoppt, und wir mußten uns dicht an das Steuerhaus drängen und dann ganz steif und unbeweglich stehen. Jede Bewegung hätte uns verraten können. Langsam und fast geräuschlos kamen wir voran. Jeder glaubte seine letzte Stunde gekommen und war bereit, lieber von Bord zu springen und zu ertrinken, als sich von den Deutschen fangen zu lassen. Dramatische Szenen spielten sich ab. Jemand schaltete dicht am Mast eine Lampe ein. Wir bebten vor Zorn. Streitigkeiten flammten auf, Nervosität breitete sich aus. Tatsächlich hätte man uns leicht entdecken können. Die Spannung an Bord war ungeheuer, obwohl wir glücklich waren, daß Sicherheit und Freiheit vor uns am Horizont lagen. Nachdem die erste Gefahr vorüber war, beruhigten sich die Passagiere und gaben sich große Mühe, ruhig zu bleiben, obwohl jeder Muskel und jeder Nerv aus Furcht vor einer Entdeckung gespannt waren.

Durch den heftigen Wind war das kleine Boot vom Kurs abgekommen. 21 Leben lagen in der Hand von zwei Fischern. Allmählich wurde es schon hell, doch wir kannten die Position des Bootes nicht. Würden wir auf Bornholm landen? Würden wir wirklich gerettet? Um sieben Uhr morgens war Land in Sicht. Aber welches Land? Durften wir hoffen, daß es sich um die schwedische Küste handelte? Unser Ziel war Trelleborg. Das Boot näherte sich der Küste und – wie wir hofften – der Freiheit. Wir waren tatsächlich in schwedischen Gewässern. Die dänische Flagge wurde gehißt, die Menschen umarmten einander und weinten vor Freude. Endlich waren wir gerettet. Der Hafen, in den wir eingelaufen waren, war voller schwedischer Kriegsschiffe. An Deck standen winkende Matrosen und riefen uns ihren Willkommensgruß entgegen.«

Geld wurde gebraucht, sehr viel Geld, um die dänischen Juden zu retten. Manche Fischer forderten hohe Preise, andere halfen umsonst, die übrigen verlangten geringe Summen. Alles in allem wurden etwa 600 000 Dollar benötigt. Die Minderheit der wohlhabenden Juden konnte die eigene Überfahrt bezahlen, viele halfen, indem sie die Kosten auch für andere übernahmen. Die Mehrheit mußte Eigentum verkaufen, um das nötige Geld aufzubringen. Wer nichts zu verkaufen hatte, erhielt das Geld von der dänischen Widerstandsbewegung oder von anderen dänischen Hilfsgruppen. Dänische Geschäftsleute stifteten erhebliche Beträge. Niemand mußte aus Geldmangel zurückbleiben.

Für die während des Krieges in Dänemark stationierten Deutschen war das Leben recht bequem. Darin ließen sie sich auch nicht gern stören. Lieber nahmen sie Bestechungssummen an und nahmen dafür selbst an Hilfsaktionen teil oder mischten sich zumindest nicht ein. Der deutsche Kommandant des Hafens von Kopenhagen sorgte sogar dafür, daß seine Patrouillenboote genau zu dem Zeitpunkt in Reparatur gingen, an dem die Rettungsaktion stattfand. Es ist allgemein bekannt, daß die Deutschen nur wenig unternahmen, um die Massenflucht der Juden zu verhindern.

Selbstverständlich wurden auch einige Juden und ihre Helfer gefangen. Eine Familie war mit einem Boot auf See, als der Motor ausfiel. Ein dänischer Kapitän nahm sie an Bord seines Schiffes und übergab sie den Deutschen, die alle in das Lager Theresienstadt in der Tschechoslowakei schickten. Nur einmal wurde eine größere Gruppe ergriffen.

Auf Hinweis eines Informanten fing die Gestapo 110 Juden, die in einem Hafen auf Boote warteten. Ungefähr 200 andere konnten sich erfolgreich verstecken, bis die Gestapo wieder fort war, und dann nach Schweden entkommen. Insgesamt wurden ungefähr 275 Menschen auf der Flucht aus Dänemark ergriffen; etwa 30 ertranken, weil ihre Boote bei stürmischer See kenterten; an die 30 weitere Verfolgte verübten aus Verzweiflung Selbstmord.

Obgleich die dänische Polizei unter dem Kommando der deutschen Besatzungsmacht stand, fühlte sie sich moralischen Gestzen verpflichtet. Sie gab vor, die Flüchtlinge auf See zu verfolgen, während sie tatsächlich die Fluchtboote in Sicherheit geleitete. Falsche Berichte täuschten die Deutschen.

In kurzer Zeit brachten die Dänen rund 8 000 Juden über das Meer hinweg nach Schweden in Sicherheit. Weniger als 600 wurden von den Nazis gefangen und nach Theresienstadt gebracht. Dank des ständigen Drucks der dänischen Regierung wurde kein dänischer Jude in die Gaskammern geschickt.

Eine Chronistin jenes historischen Augenblicks, Leni Yahil, schildert das Zusammenspiel von Deutschen und Dänen, das dazu beitrug, diese Rettungsaktion zu ermöglichen.

»Die Dänen wußten die psychologischen Schwächen der Deutschen geschickt auszunützen: ihren blinden Glauben an jedes Stück Papier mit einem Stempel darauf; ihre Überheblichkeit, die sich die Dänen zunutze machten, indem sie sich selbst als Dummköpfe darstellten; ihre Geldgier und ihre Neigung zu dänischen Delikatessen, zu Bier usw.; die Reste von Gewissen, die auch in ihnen noch lebendig waren, und das Bedürfnis selbst der Gestapo-Beamten, in den Augen der Dänen als anständige Menschen zu gelten. Aufgrund dieser psychologischen Gegebenheiten vollführten die dummen Dänen die wagemutigsten und gefährlichsten Operationen, und oft verging viel Zeit, ehe die Deutschen merkten, daß sie hinters Licht geführt worden waren. Dann freilich kannte ihr Zorn keine Grenzen, und sie ruhten nicht, ehe sie sich gerächt hatten. Mut, der aus Gelassenheit und realistischer Phantasie entsprang und auf kühler Beobachtung beruhte, waren die Kennzeichen dänischer Widerstandskämpfer. Im Oktober 1943 wurde klar, daß diese Mischung vielen Dänen aus allen Teilen der Bevölkerung das Überleben sicherte. Der Professor und der Fischer, Arzt und Taxifahrer, Priester und Polizist – alle verstanden einander ohne Worte.«

8 Eine Legende unter den Juden

Was in Dänemark geschah, war einzigartig: das Beispiel eines Volkes, das sich mit Hitlers jüdischen Opfern identifizierte und sie fast alle rettete.

In Ungarn konnte die Welt ein erstaunliches Beispiel anderer Art beobachten: die Fähigkeit eines einzelnen Menschen, Zehntausende von Juden zu retten.

Sein Name war Raoul Wallenberg. Sein Vater, ein junger schwedischer Marineoffizier, starb kurz vor Raouls Geburt an Krebs. Der Großvater väterlicherseits, der Diplomat Gustav Wallenberg, übernahm die Erziehung des Jungen, als dessen Mutter wieder heiratete. Nach Schule und kurzem Militärdienst wurde Raoul für ein Jahr nach Frankreich geschickt, um neben der englischen auch die französische Sprache zu erlernen, später auch Deutsch und Russisch. Dann studierte er in den USA Architektur. An der Universität Michigan zählte er zu den besten Studenten.

Nach Schweden zurückgekehrt, bereitete er sich auf Drängen seines Großvaters auf eine Wirtschafts- und Bankkarriere vor. Sechs Monate arbeitete er für eine schwedische Firma in Südafrika, dann für eine niederländische Bank in Palästina. Dort lebte er in einer koscheren Pension und lernte einige junge Juden kennen, die aus Hitlerdeutschland geflohen waren. Was er von ihnen über die Verfolgung durch die Nationalsozialisten erfuhr, berührte ihn tief, nicht nur, weil er ein warmherziger, mitfühlender Mensch war, sondern auch, weil er wußte, daß sein Ur-Ur-Großvater mütterlicherseits Jude gewesen war, einer der ersten, die sich in Schweden niederließen, sich dann zum christlichen Glauben bekehrt und es bis zum Finanzberater des Königs gebracht hatte. Sein Sohn war einer der Begründer der schwedischen Stahlindustrie. Raoul war stolz auf sein jüdisches Erbe. Einmal sagte er seinem Freund, als ein Wallenberg und als ein teilweise jüdischer Mensch würde er sich niemals besiegt geben.

Raoul wuchs zu einem selbstbewußten jungen Mann heran, gut aussehend, liebenswürdig, mutig. Kurz nach seiner Rückkehr aus Palästina starb sein Großvater. Damit ließ der Druck auf Raoul Wallenberg nach. Was sollte er jetzt tun? Er liebte die Architektur, doch mit seinem amerikanischen Diplom durfte er sie in Schweden nicht ausüben. Außerdem wurde wenig gebaut, da die Wirtschaftskrise zu Beginn der dreißiger Jahre auch Schweden in Mitleidenschaft zog. Das Bankgeschäft der Familie lockte ihn wenig. Der Krieg hatte begonnen, aber Schweden war neutral. Nach einigem Schwanken trat Raoul in eine Export-Import-Firma ein, die sich mit Lebensmittelspezialitäten beschäftigte. Er war der Juniorpartner des Inhabers, Koloman Lauer, eines ungarischen Juden. Als Christ war Raoul besonders wertvoll, denn im Gegensatz zu Lauer konnte er auch Geschäftsreisen nach Deutschland und in die von Deutschen besetzten Länder unternehmen. Dort erfuhr er, wie die Deutschen dachten und handelten. Daheim führte er ein bequemes Junggesellenleben und hatte einen großen Freundeskreis.

Doch das Geschäftsleben befriedigte ihn nicht. Was für eine Bedeutung hatte schon dieser Delikateßwarenhandel innerhalb des von Hitler besetzten Europas? Als Bürger eines neutralen Landes konnte er wenig an den Zuständen ändern, abgesehen von Hilfeleistungen für Verfolgte, die nach Schweden geflohen waren. Es bedrückte ihn, tatenlos den Untaten der Nationalsozialisten zusehen zu müssen.

Dann, im Juni 1944, bot sich die Gelegenheit, aus dieser

Unzufriedenheit auszubrechen. Man bat ihn, nach Ungarn zu gehen und so viele Juden wie möglich aus Hitlers Händen zu befreien und nach Schweden zu schaffen. Ein Diplomatenpaß und viel Geld sollten ihm dafür zur Verfügung stehen.

Was spielte sich um diese Zeit in Ungarn ab? Das kleine Land im östlichen Mitteleuropa hatte zur Österreichisch-Ungarischen Monarchie gehört, die durch den Ersten Weltkrieg zerschlagen wurde. Teile dieses Reiches wurden durch die Verträge nach Kriegsende abgelöst, viele Angehörige ungarischer Minderheiten lebten in benachbarten Ländern. Eine kleine ungarische Monarchie verblieb. Ihr Regent war Nikolaus Horthy.

Vor dem Ersten Weltkrieg war Ungarn weniger als andere ost- und mitteleuropäische Länder vom Antisemitismus befallen gewesen. Die Gebietsverluste durch den Krieg gaben dem ungarischen Antisemitismus Auftrieb und Zugang zu Presse und Politik. 1938, nachdem er Österreich geschluckt hatte, übte Hitler enormen Druck auf Ungarn aus, und die Regierung unter Admiral Horthy besänftigte ihn durch antisemitische Gesetze.

Mit Beginn des Zweiten Weltkrieges wurde Ungarn zum Verbündeten Deutschlands. Hitler ließ dem Land seine »Unabhängigkeit«, anstatt eine eigene Marionettenregierung zu installieren. Ungarischen Truppen gestattete er, Teile der verlorenen Gebiete wieder zu besetzen. Horthy vermied es jedoch, sich auch für die »Endlösung« einspannen zu lassen. Ungarische Truppen begingen einige Pogrome gegen Juden, doch Tausende von verzweifelten Juden aus den von Deutschland besetzten Ländern Polen, Tschechoslowakei und auch aus anderen Gebieten kamen nach wie vor nach Ungarn in der Hoffnung auf Zuflucht.

1943 gab es in Ungarn ungefähr 800 000 Juden. Die Deutschen verlangten von den Ungarn die Freigabe der Juden zur Deportation, doch Admiral Horthy weigerte sich, denn er wußte, daß diese Juden dann in den Vernichtungslagern umgebracht werden sollten. Im Frühjahr 1944 wollte Hitler das Problem gewaltsam lösen. Er entsandte Truppen zur Besetzung des Landes. Die Regierung trat zurück, doch Horthy blieb, und eine Marionettenregierung tat alles, um den Deutschen gefällig zu sein. Sie erließ antijüdische Gesetze, errichtete Gettos, begann mit den Deportationen. Todeszüge aus dem ganzen Land fuhren nach Auschwitz. Innerhalb weniger Monate wurden 435 000 Juden aus den ungarischen Provinzen verschleppt. Inzwischen vollendete Adolf Eichmann die Pläne zur Erfassung auch der Juden in Budapest.

Der Jüdische Rat Ungarns forderte die Weltöffentlichkeit auf, etwas zur Verhinderung dieses Verbrechens zu tun. Besonders bei den neutralen Organisationen und Ländern suchte er Hilfe, in Schweden, der Schweiz, Portugal, dem Vatikan, dem Internationalen Roten Kreuz. Um diese Zeit schlug Lauer einem Ausschuß prominenter schwedischer Juden vor, Wallenberg sei der richtige Mann für eine Rettungsaktion in Budapest. Wallenberg war gern bereit, die Sicherheit Schwedens zu verlassen und die schwierige Aufgabe zu übernehmen, Hitlers Macht herauszufordern. Die schwedische Regierung stimmte zu und ernannte ihn zum Sondergesandten mit diplomatischem Schutz. In der Welt der Diplomaten und der Bürokraten kannte er sich aus. Ihre umständliche Verwaltungsarbeit konnte das schnelle Handeln behindern, das in diesem Falle unerläßlich war. Deshalb verlangte er freie Hand in der Wahl seiner Methoden. Er mußte über Gelder für Bestechungen verfügen können, mit jedermann verhandeln dürfen, das Recht haben, jedem, der es brauchte, Asyl in Häusern zu gewähren, die schwedischer Hoheit unterstanden. Premierminister und König stimmten den Bedingungen zu. Die schwedische Regierung, die überlebenden ungarischen Juden, das Flüchtlingskomitee der Vereinigten Staaten: Alle stellten Geld für Wallenbergs Arbeit zur Verfügung.

Noch ehe Raoul Wallenberg Schweden verließ, hatten die neutralen Missionen in Budapest bereits vereinzelt Schritte zur Rettung ungarischer Juden unternommen. Die Schweden hatten zum Beispiel 650 Schutzbriefe für Juden mit familiären oder wirtschaftlichen Verbindungen zu Schweden ausgestellt. Raoul war schnell klar, wie er sich die Tatsache zunutze machen konnte, daß die Deutschen im Begriff waren, den Krieg zu verlieren und sich überall zurückziehen mußten. Deutsche und ungarische Beamte in Budapest fürchteten Bestrafung nach dem Kriege. Dadurch wurden sie leicht zu Opfern von Drohungen, Bestechung und Erpressung.

In Budapest saß auch der damals 38jährige Adolf Eichmann im Luxushotel Majestic und war für die Deportationen verantwortlich. Er hatte bereits in anderen besetzten Ländern seine Dienste geleistet und seine besondere Begabung für organisierten Massenmord bewiesen. Er fühlte sich verpflichtet, jeden noch lebenden Juden vor Kriegsende umzubringen. »Jeder Kompromiß, auch der geringste, wird später teuer bezahlt werden müssen«, sagte er. Auf dem Wege zur völligen Ausrottung der 800 000 ungarischen Juden war er schon ein gutes Stück vorangekommen.

Nur 230 000 waren noch übrig und saßen in Budapest wie in einer Falle. Eichmann war stolz darauf, 437 402 Juden – alle genau registriert – aus den Provinzen deportiert zu haben. Jetzt wollte er das Werk in Budapest schnell fortsetzen. Admiral Horthy, der noch immer Regent war, ließ sich jedoch von den Protesten des Auslands und vom Heranrücken der Sowjetarmee beeindrucken. Er befahl die Einstellung der Deportationen. Die 1 600 ungarischen Soldaten, die Eichmann für seine Aktion benötigte, schickte er in die Provinz zurück. Und nun bekam Eichmann es noch mit dem Mut und der Willenskraft eines anderen Mannes zu tun, der ebenso entschlossen war wie er selbst, seine Fähigkeit jedoch in den Dienst des Lebens, nicht der Vernichtung stellen wollte.

Raoul Wallenberg reiste von Berlin über Wien nach Budapest. Er trug einen langen Ledermantel, einen weichen Hut und einen Rucksack mit einigen Kleidungsstücken. In der Tasche hatte er einen kleinen Revolver – »nicht um ihn zu benutzen«, sagte er, »sondern um mir selber Mut zu machen.«

Sein erster Schritt in Budapest war die Einrichtung der »Sektion C« in der schwedischen Botschaft. Ihr einziger Zweck war die Rettung von Juden. Er entwarf einen neuen und weit eindrucksvolleren Paß, der die bisherigen provisorischen Papiere ersetzen sollte. Er stattete ihn mit der schwedischen Königskrone aus, mit Siegeln, Stempeln und einer Unterschrift. Nach internationalem Recht war dieser Paß zwar wertlos, doch er vermittelte deutschen und ungarischen Bürokraten den Eindruck, seine Inhaber seien nicht Ausgestoßene, sondern stünden unter dem Schutz einer wichtigen neutralen Macht. Juden, die einen solchen Paß erhielten, begannen wieder zu hoffen. Sie wurden nicht mehr wie Dinge, sondern wie achtenswerte menschliche Wesen behandelt.

Raoul brachte deutsche und ungarische Beamte dazu, erst einige, dann Hunderte und endlich Tausende dieser Pässe zu akzeptieren. Bald folgten andere Neutrale seinem Beispiel und stellten Schutzpässe aus, und im Untergrund wurden Pässe in großer Zahl hergestellt. Raoul sammelte 250

Juden um sich, meistens Freiwillige, die Tag und Nacht arbeiteten, um die immer noch zuströmenden Menschen mit dem lebenserhaltenden Dokument zu versorgen.

Um besonders bedürftigen Juden zu helfen, richtete Wallenberg Kinderheime ein, Kliniken, Krippen, Suppenküchen. Er kaufte Lebensmittel, Kleider, Medikamente, mietete oder kaufte Häuser und beherbergte die Menschen darin unter schwedischem Schutz. Finanziert wurden alle diese Projekte durch erhebliche Mittel der amerikanischen Flüchtlingshilfe und des Internationalen Roten Kreuzes. Raouls Stab wuchs auf 400 Mitarbeiter an, als er alle Hilfs- und Rettungsmaßnahmen koordinierte, die von einem gemeinsamen Ausschuß der Neutralen unterstützt wurden. Niemals konnte er sich mehr als wenige Stunden Schlaf in der Nacht leisten. Sein Einsatz, seine Energie und seine Organisationsgabe inspirierten jeden in seiner Umgebung. Als Diplomat von erheblichem Rang arbeitete er »wie der Teufel«, wie ein Beobachter schrieb.

Obwohl Horthy die Einstellung aller Deportationen angeordnet hatte, gelang es Eichmann noch, 1 500 prominente Juden, die in einem Sammellager untergebracht waren, nach Auschwitz zu schaffen. Ende August holte er 10 000 SS-Leute nach Budapest, die er für eine Blitzmaßnahme gegen die noch verbleibenden Juden benötigte. Wallenberg erfuhr es und brachte alle neutralen Missionen dazu, heftigen Protest bei der Regierung in Budapest einzulegen. Abermals verbot Horthy die Deportationen und drohte mit dem Einsatz ungarischer Truppen, um sie notfalls mit Gewalt zu verhindern. Auf Befehl Himmlers zog Eichmann sich zurück.

Während alliierte Flugzeuge Bombenangriffe auf Budapest flogen, bemühte sich Horthy insgeheim um einen Separatfrieden. Er bestand darauf, daß die Deutschen die

Kontrolle jüdischer Angelegenheiten an ungarische Stellen zurückgeben sollten und daß Eichmann und seine SS-Truppen endgültig abgezogen würden. Diese Demonstration von Unabhängigkeit seitens eines Satellitenstaates zugleich mit dem kürzlichen Attentat auf Hitler und dem Zusammenbruch des rumänischen Verbündeten führten die unsicher gewordenen Nationalsozialisten dazu, dem Verlangen Horthys zu entsprechen. Wallenberg meinte, das Schlimmste sei nun überstanden, und er plante seine Heimkehr.

Aber es war längst nicht alles vorbei. Die Deutschen erfuhren von Horthys Geheimverhandlungen über einen separaten Friedensschluß und sandten plötzlich Truppen nach Ungarn, zwangen Horthy, nach Berlin zu reisen, und brachten den Führer der Pfeilkreuzler, der ungarischen Nazipartei, Ferenc Szálasi, an die Macht.

In Berlin schmiedete Eichmann noch immer Pläne für die Vernichtung der ungarischen Juden. Da die zurückflutende deutsche Wehrmacht alle Eisenbahnwaggons dringend benötigte, wollte Eichmann die Juden zu Fuß in Marsch setzen. Er eilte wieder nach Budapest.

In der ersten Nacht der Machtübernahme durch die Pfeilkreuzler wurden viele Juden verhaftet und verschwanden spurlos. Budapester Juden, die in den mit gelben Sternen gekennzeichneten Häusern wohnten, wurden aufgefordert, ihre Wohnungen nicht mehr zu verlassen. Wagten sie sich trotzdem hinaus, wurden sie auf den Straßen ermordet. Faschistische Banden, oft Jugendliche, brachen in Wohnungen ein, plünderten, raubten, mordeten. Wallenberg faßte junge und kräftige ungarische Juden zu Kommandos zusammen, die Juden in ihren blockierten Wohnungen beschützten und ihnen Nahrung und Medikamente brachten.

Dann erklärte die neue Regierung, sie werde den von neutralen Botschaften und Kirchen gewährten Schutz für

Juden nicht mehr anerkennen. Schutzbriefe und ausländische Pässe würden es ungarischen Juden künftig nicht mehr erlauben, der »Endlösung der Judenfrage« zu entgehen. Tausende von Juden, die gehofft hatten, mit Hilfe dieser Papiere zu überleben, waren durch diese Regelung bedroht. Wallenberg ging sofort zum Gegenangriff über. Er nahm Kontakt zur Baronin Elisabeth Kanény auf, der Frau des Außenministers, die jüdischer Abstammung war, was jedoch in Budapest nicht allgemein bekannt war. Durch ihre Heirat mit dem ungarischen Baron, dessen faschistische Neigung sie damals noch nicht kannte, war sie zu einer »Ehrenarierin« geworden. Wallenberg drängte sie, ihren Mann zur Rücknahme der antijüdischen Anordnungen zu bewegen und deutete dabei darauf hin, daß die Sowjetarmee schon fast vor den Toren Budapests stünde. Sobald die Stadt fiele, so warnte er, würden alle Regierungsverantwortlichen als Kriegsverbrecher gehängt – ausgenommen selbstverständlich jene, die sich menschlich verhalten hätten. Dann erklärte er ihr, er wisse von ihrer jüdischen Abkunft und appellierte an sie, Sympathie für die Leiden der Juden zu beweisen. Seine Mischung aus Drohung und Versprechen hatte Erfolg. Sie brachte ihren Mann dazu, Szálasi zum Handeln zu bewegen. Die Regierung gab über den Rundfunk bekannt, sie werde die von neutralen Regierungen ausgestellten Papiere anerkennen.

Die Zahl der durch solche Dokumente geschützten Juden lag bei etwa 16 000. Was aber war mit den ungefähr 200 000 anderen, die keine schützenden Papiere besaßen? Eichmann und die faschistische Regierung planten noch immer ihre Ermordung. Ende Oktober 1944 ließ Eichmann etwa 35 000 Juden zusammentreiben, Männer von sechzehn bis sechzig Jahren, ausgenommen die mit dem Wallenberg-Paß, ließ sie an den Stadtrand von Budapest marschieren und dort Gräben ausheben, die zur Verteidigung gegen die anrückende Sowjetarmee dienen sollten. Ohne Rücksicht auf ihren körperlichen Zustand wurden sie zu erschöpfender Arbeit gezwungen. Viele starben.

Als nächste standen Frauen und Kinder auf Eichmanns Liste. Wallenberg und die Neutralen taten alles ihnen Mögliche, um seine Aktion zu verhindern, doch er begann die Deportationen mit einem Fußmarsch am 8. November. Es war der erste einer Reihe von Todesmärschen über eine Strecke von knapp 200 Kilometern westwärts zur österreichischen Grenze. (Man trieb die Juden nach Westen, weil die Eisenbahnverbindungen nach Auschwitz zusammengebrochen waren und das Lager bald geschlossen werden sollte.) Im eiskalten Regen liefen die Frauen und Kinder 30 bis 40 Kilometer am Tag, und die Ungarn peitschten die Entkräfteten vorwärts. Fielen sie zu Boden, ließ man sie in den Straßengräben liegen. Oft gab es abends keine Unterkunft, keine Verpflegung, kein Wasser, keine Decke. Die Menschen schliefen erschöpft auf der bloßen Erde und wachten fast erfroren auf. Viele begingen Selbstmord. Selbst deutsche Truppen, die diesen Zügen begegneten, waren entsetzt über die Brutalität der Ungarn. Ungefähr 27 000 Juden wurden zu Fuß bis an die Grenze getrieben, dann in Güterzüge geladen und in ein Todeslager transportiert. In den Zügen trafen sie auch auf Männer aus den Arbeitsbataillonen, die auf anderen Routen zur Grenze gebracht worden waren.

Während der Zwangsmärsche dieser entsetzlichen Wochen rettete Wallenberg weitere Juden. Mit einigen Mitarbeitern fuhr er unablässig die Straßen auf und ab und verteilte Lebensmittel, Medizin und warme Kleidung an die gemarterten Juden. Er trug auch sein »Buch des Lebens« bei sich, ein Buch, in dem alle Juden verzeichnet waren, denen man Schutzpässe ausgehändigt hatte, und er führte auch Blankopässe mit, die er an Ort und Stelle ausstellte. Auf einer solchen Fahrt rettete er ungefähr hundert Juden, wobei er oft mit reiner Täuschung arbeitete. Immer wieder unternahmen er und seine Helfer diese Fahrten, bewahrten etwa 2 000 Juden vor ihrem grausigen Schicksal, schafften sie nach Budapest zurück. Auch ungefähr 15 000 Zwangsarbeitern half er, die ebenfalls schwedische und andere Schutzpässe besaßen.

Ein Überlebender dieser Märsche, Zvi Eres, erinnert sich, wie er – damals vierzehn Jahre alt – seine Mutter, eine Tante und ein Vetter durch Raoul Wallenberg gerettet wurden.

»Als wir gegen Ende des Marsches in die Gegend von Hegyeshalon kamen, sahen wir zwei Männer am Straßenrand stehen. Einer von ihnen trug einen langen Ledermantel und eine Pelzmütze. Er sagte, er sei von der schwedischen Botschaft und fragte uns, ob wir im Besitz schwedischer Pässe seien. Falls nicht, so meinte er, seien sie uns vielleicht weggenommen und von den Pfeilkreuzlern zerrissen worden. Zwar konnten wir uns kaum noch auf den Beinen halten, doch wir waren aufmerksam genug, um seinen Wink zu verstehen. Ja, sagten wir, genau so sei es gewesen, obwohl tatsächlich keiner von uns jemals einen schwedischen Schutzpaß gesehen hatte. Er schrieb unsere Namen in eine Liste, und wir marschierten weiter. Später, auf dem Bahnhof, sahen wir Wallenberg und einige seiner Helfer wieder, darunter auch – wie ich später erfuhr – Mitglieder der zionistischen Jugendbewegung, die sich als Helfer des Roten Kreuzes betätigten, und Mitarbeiter der päpstlichen Nuntiatur. Auch ungarische Offiziere und Deutsche in SS-Uniformen waren da.

Wallenberg schwenkte seine Liste und verlangte offenbar, daß alle darauf Verzeichneten freigelassen werden sollten. Sie schrien einander auf deutsch an, und wenn sie auch zu weit entfernt waren, als daß ich jedes Wort verstehen konnte, war doch offensichtlich, daß ein heftiger Streit im Gange war. Endlich gewann Wallenberg zu unserer Verblüffung, und etwa 280 bis 300 von uns durften wieder nach Budapest zurück.«

Raouls Mut erprobte sich auch am Unwahrscheinlichen. Einmal fiel eine Gruppe von Pfeilkreuzlern in eine unter schwedischem Schutz stehende Häusergruppe ein, um die Juden herauszuholen. Raoul eilte hinzu und schrie: »Hier ist schwedisches Gebiet! Wenn ihr diese Menschen mitnehmen wollt, müßt ihr erst mich niederschießen!« Die Männer ließen die Juden gehen. Einmal verbreitete sich die Nachricht, elf Juden mit schwedischen Pässen seien gezwungen worden, einen Zug nach Österreich zu besteigen. In seinem Diplomatenauto jagte Wallenberg dem Zug nach, holte ihn kurz vor der Grenze ein und erwirkte die Freilassung der elf Menschen.

Anfang Dezember hatten die Sowjets die Randgebiete Budapests erreicht. Alliierte Bomber griffen die Stadt an. Lebensmittel und Treibstoff waren kaum noch aufzutreiben. Krankheiten breiteten sich aus. Die Juden wurden in zwei Gebieten zusammengetrieben: die Inhaber von Schutzpässen in den geschützten Häusern, die anderen in einem geschlossenen Getto. Recht und Ordnung gab es nicht mehr. Banditen plünderten jüdische Häuser, vergewaltigten Frauen, folterten und töteten Männer.

Raoul war in diesem Chaos überall. Er wurde zu einer »Legende unter den Juden«, wie ein Überlebender es ausdrückte. »In der vollkommenen Hölle, in der wir lebten, gab es einen rettenden Engel, der unablässig helfend unterwegs war. Sein Mut und die Kraft seiner ungewöhnlichen Persönlichkeit wirkten Wunder. Aber er stand allein, konnte sich nur auf seine persönliche Autorität verlassen. Nichts konnte ihn wirklich stützen.«

Er baute eine gut funktionierende Gruppe aus Freunden auf, die durch Bestechung und Erpressung wirkte, eine Gruppe, die ihn sofort über beginnende Deportationen informierte, über Straßenrazzien und Überfälle auf geschützte Häuser. Immer wieder tauchte er allein mit einem Fahrer auf, um deutschen Offizieren und Pfeikreuzlern entgegenzutreten, um jüdisches Leben zu retten. Inmitten dieser letzten verzweifelten Wochen in Budapest schrieb er einem Freund in Stockholm, er sei »wohlgemut und kampfeslustig«. Und seiner Mutter schrieb er: »Ich hoffe, daß der ersehnte Friede nicht mehr fern ist.«

Während sowjetische Truppen schon in den Kern der Stadt vordrangen, stürzten sich Hunderte von SS-Leuten und Pfeilkreuzlern in die Wohngebiete der Juden, die sie noch in den letzten verbleibenden Augenblicken ausrotten wollten. Wallenberg warnte den deutschen Kommandanten, wenn er seine Truppen nicht einsetze, um diese Verbrechen zu verhindern, würde er selbst als Kriegsverbrecher gehängt werden. Die Drohung wirkte. Das letzte Massaker wurde verhindert, als die Russen im Februar 1945 die Stadt eroberten.

Ungefähr 144 000 Juden überlebten in Budapest. Sie waren die einzige jüdische Gemeinde von beachtlicher Größe, die in Europa noch am Leben war. Die Hälfte aller Juden im Vorkriegs-Ungarn war tot. Als die Überlebenden nach Wallenberg suchten, um ihm ihre Dankbarkeit zu erweisen, war er nirgends zu finden. Später hörte man, er habe den sowjetischen Befehlshaber, General Malinowskij, aufgesucht, um ihn um Hilfe für die geretteten Juden zu bitten. Anstatt ihn aber als Helden zu begrüßen, nahmen die Russen ihn in Gewahrsam. Er verschwand. Man hat niemals wieder von ihm gehört. Trotz des fortgesetzten Drucks derer, die sein Schicksal aufklären wollten, meldeten die Sowjets bis 1957 nichts. Dann sagten sie, er sei 1947 in einem sowjetischen Gefängnis gestorben. Immer wieder gab es aber auch Gerüchte, er lebe noch hinter sowjetischen Gefängnismauern.

Niemand weiß, warum die Sowjets ihn festgenommen haben. Vielleicht hielten sie den Retter zahlloser Menschen für einen Spion.

9 Fürchtet nichts

Italien wurde schon seit zehn Jahren von dem faschistischen Diktator Benito Mussolini regiert, als Hitler die Macht in Deutschland übernahm. Beide betrieben faschistische Politik, doch die Völker, die sie regierten, verhielten sich sehr unterschiedlich, besonders auch in ihrem Verhalten gegenüber den Juden.

Die meisten italienischen Juden waren gebildete, gut assimilierte Mittelstandsbürger. Ihre Familien lebten seit Generationen in Italien. Tatsächlich hatten schon vor der Geburt Christi etwa 8 000 Juden an den Ufern des Tibers gesiedelt. In frühchristlicher Zeit und im Mittelalter litten die Juden unter Verfolgungen und Beschränkungen. Das Zeitalter der italienischen Renaissance – vom Beginn des 16. bis zur Mitte des 17. Jahrhunderts – brachte weniger Unterdrückung, doch gegen Ende des 17. Jahrhunderts wurden die Juden in den meisten italienischen Städten wie im übrigen Europa auf Gettos beschränkt.

Das erniedrigende Leben in den Gettos währte über zweihundert Jahre. Erst durch die Einigung Italiens um die Mitte des 19. Jahrhunderts kam die völlige Emanzipation. Schnell gewannen die Juden Einfluß in Politik und Militär, in den Künsten und Wissenschaften, in Handel und Industrie. Sie wurden im nationalen Leben voll akzeptiert. Juden sahen wie andere Italiener ihrer Klasse aus, sie sprachen, kleideten und benahmen sich nicht anders. Als die Diskriminierung endete, gaben manche Juden ihr religiöses Erbe auf. Viele hingegen fühlten sich zwar ganz und gar als Italiener, pflegten jedoch ihre jüdischen Traditionen und Wertvorstellungen.

Als Mussolini im Jahre 1922 an die Macht kam, führte er das Land nicht in den Antisemitismus zurück. Nur eine kleine Gruppe innerhalb seiner faschistischen Partei war antisemitisch. Mussolini selbst nannte den Antisemitismus ein Unkraut, das in Italien nicht Wurzeln schlagen könne, wo die Juden völlig gleichberechtigte Bürger seien. Trotzdem waren die meisten Juden Gegner Mussolinis und der faschistischen Lehren. Manche von ihnen wagten Gut und Leben, um gegen die Diktatur zu kämpfen.

Nachdem er Hitler an der Macht beobachtet hatte, erkannte Mussolini, wie wirkungsvoll der Antisemitismus als politisches Werkzeug sein konnte. Obgleich er selbst vorher den Rassismus abgelehnt hatte, ließ er seine gelenkte Presse jetzt die Juden angreifen. 1938 erließ er die ersten antisemitischen Gesetze. Das italienische Volk zeigte seine Verachtung für solche Gesetze. Ihre Durchsetzung ging langsam und wenig streng vor sich.

Und doch litten viele Juden, wenn ihre Lage, verglichen mit der in Deutschland, auch erträglich war. Sie brauchten keinen gelben Stern zu tragen, und die meisten von ihnen konnten wie zuvor arbeiten. Sie wurde weder bedroht noch in Gettos gesperrt.

Etwa 7 000 Juden wollten jedoch nicht abwarten, bis es zum Schlimmsten kam. Im Herbst 1941 flohen sie aus dem Land. Wenige Monate darauf wurden in Italien lebende ausländische Juden in einigen Lagern zusammengefaßt, eine Anzahl italienischer Juden wurde zu Zwangsarbeit verpflichtet. Zu dieser Zeit verfügten die Deutschen im gesamten besetzten Europa Massendeportationen. Hitler scheute jedoch davor zurück, auch Mussolini vorzuschreiben, was er zu tun habe.

Mit der Landung der Alliierten in Italien im Juli 1943 verlor Mussolini die Macht. Eine neue Regierung unter der Führung von Marschall Badoglio ergab sich nach wenigen Wochen den Alliierten. Die Deutschen entwaffneten die italienischen Truppen und besetzten das Land. Die Alliierten kämpften sich langsam durch Italien nordwärts voran, doch die Deutschen hielten noch Neapel, Rom und etwa zwei Drittel Italiens besetzt. Sie setzten ein Marionettenregime ein, das Hitlers Befehlen gehorchte. Jetzt waren die Juden Italiens in höchster Gefahr.

Deportationsbefehle wurden erlassen. Ihr erstes Ziel waren die Juden Roms. Viele hatten sich versteckt, als die Deutschen die Stadt besetzten. Die Italiener, von den Deportationsmaßnahmen abgestoßen, öffneten jüdischen Freunden und Fremden ihre Wohnungen. Hohe Verwaltungsbeamte halfen. Der Polizeichef, Mario de Marco, leistete Widerstand gegen den Befehl, Listen der jüdischen Bevölkerung auszuhändigen und stellte falsche Identitätskarten für die Juden aus. Dadurch rettete er Hunderte von Leben. Verhaftet und von der Gestapo gefoltert, gab er doch seine Geheimnisse nicht preis. Ein anderer Polizeichef, Dr. Giovanni Polatucci aus Fiume, der vielen Juden half, wurde nach Dachau gebracht und dort ermordet. Der Kardinal von Genua richtete einen Hilfsdienst zur Rettung von Juden ein, auch andere Kirchenführer protestierten gegen Hitlers Politik. Der Papst jedoch schwieg zur Erleichterung der Nationalsozialisten.

Am 15. Oktober begann die große Verhaftungsaktion gegen die römischen Juden. Sie dauerte vierundzwanzig Stunden. Es gelang den Deutschen, 1 000 Juden zu fangen, die anderen 7 000 waren rechtzeitig gewarnt worden und hatten sich verbergen können, oft in Klöstern, Internaten und anderen Kirchengebäuden. Viele Priester wurden verhaftet, einige starben, weil sie geholfen hatten, Unschuldige zu retten.

Die Nachricht von den Massenverhaftungen breitete sich schnell über ganz Rom aus, ehe die Juden noch in die Züge nach Auschwitz verladen wurden. Die Neuigkeit ging jedoch nur von Mund zu Mund; keine Zeitung berichtete darüber. Kein Regierungsvertreter bemühte sich, die deutsche Aktion gegen italienische Staatsbürger aufzuhalten. Papst Pius XII. scheint über die Festnahme und Deportation der Juden im voraus informiert gewesen zu sein, aber »vor der Verhaftungsaktion«, sagt die Historikerin Susan Zuccotti, »drohte er niemals damit oder deutete auch nur an, daß er die SS-Aktion zur Deportation der Juden aus seiner eigenen Stadt öffentlich anprangern würde.« Lange vor diesem Oktober hatte er erfahren, daß die deportierten Juden vom Tode bedroht waren. Kirchenführer aus ganz Europa hatten die Berichte über die Todeslager bestätigt. Der Papst erhob auch keinen öffentlichen Protest, nachdem die Festnahmen abgeschlossen waren. Glücklicherweise warteten viele Katholiken in Rom – Geistliche wie Laien – nicht erst auf ein Wort des Papstes. Sie taten bereits ihr Bestes, um die bedrängten Juden zu schützen.

Hätte der Papst seine Stimme erhoben, so hätte das sicher geholfen, in den folgenden Monaten, Juden in anderen Städten Italiens zu retten. Mehr Juden hätten die schreckliche Realität ihres Schicksals erkannt, wären aus ihren Häusern geflohen und hätten sich in Sicherheit gebracht. Unter der Leitung des Papstes hätten gewiß auch noch mehr Katholiken sich bereitgefunden, Juden zu beherbergen. Die Wirkkraft einer päpstlichen Verurteilung des Holocaust hätte vielleicht sogar einen großen Einfluß in anderen von den Nationalsozialisten besetzten Ländern ausgeübt.

Warum handelte der Papst nicht? Vielleicht fürchtete er,

ein Angriff auf Hitlers »Endlösung« könnte die Nationalsozialisten dazu bewegen, den Vatikan zu besetzen und den Kirchenbesitz in ganz Italien zu beschlagnahmen. Repressionen in allen von Deutschen besetzten Ländern konnten ausgelöst werden. Schließlich mutmaßen manche, der Papst habe es als seine vordringliche Aufgabe betrachtet, die Institution der Kirche zu schützen und zu bewahren. Eine Drohung, Katholiken zu exkommunizieren, die sich an der Tötung von Juden beteiligten, hätte vielleicht viele deutsche Katholiken zum Austritt aus der Kirche bewegt.

Obgleich er es also unterließ, den Holocaust offiziell zu verdammen, wagten doch viele Priester und Nonnen ihr Leben, um Tausende von Juden zu verstecken, und der Papst hat sicherlich davon gewußt. Obgleich er wenig tat, um die Verteidiger der Juden zu ermutigen, stellte er sich auch nicht gegen ihre Taten.

Was nördlich von Rom, in der Bergstadt Assisi, der Heimat des heiligen Franziskus, geschah, ist ein Beispiel für den Mut solcher italienischer Priester. Pater Ruffino Miccaci, ein 32jähriger Priester und ehemaliger Bauer, war Direktor des Seminars in Assisi. Er war ein fröhlicher Mensch, der gutes Essen und Trinken liebte, nur Gott, dem heiligen Franziskus und den Menschen dienen wollte. Einige Stunden, nachdem Rom im September 1943 den Deutschen in die Hände gefallen war, änderte sich sein Leben von Grund auf. Bischof Micilini bat ihn, sich um einige Flüchtlinge zu kümmern, die sich in der Stadt verborgen hielten, denn viele Italiener waren auf den Landstraßen geflohen, als ihre Städte bombardiert und ihre Wohnungen zerstört wurden. Aber diese Menschen, als christliche Pilger verkleidet, waren keine Katholiken. Es waren Juden, die beim Einmarsch der Deutschen nach Rom nordwärts geflohen waren. Es waren die ersten Juden, die Pater Rufino jemals gesehen hatte, denn vorher hatte sich noch nie ein Jude in Assisi niedergelassen.

Das war der Anfang einer neuen Mission des Priesters als »Vater der Juden«. In den nächsten Monaten beschützte er über 300 Juden, die in die Stadt kamen. Er versteckte sie in 26 Klöstern und Konventen in Assisi und Umgebung. Wer nicht jüdisch aussah oder mit einem offenbar ausländischen Akzent sprach, wurde in Privatwohnungen von Gemeindegliedern aufgenommen, die vielfach bereits katholische Flüchtlinge bei sich untergebracht hatten. Trotzdem hießen sie die neuen Hilfsbedürftigen ohne jede Belohnung willkommen. Pater Rufino sorgte für falsche Papiere und kümmerte sich um Arbeitsplätze, die dazu beitrugen, daß die Flüchtlinge mehr wie eingesessene Mitglieder der Gemeinde wirkten.

Ein Druckereibesitzer, Luigi Brizi, und sein Sohn Trento druckten heimlich Dokumente, die so echt wirkten, daß sie bald durch Kuriere an Juden in ganz Italien verteilt wurden. Pater Rufino richtete in Assisi zwei illegale Schulen ein. In der einen erteilten Geistliche mit schulischer Erfahrung Unterricht um zu verhindern, daß die Flüchtlingskinder durch die deutsche Besatzung Schuljahre verlören. In der anderen lernten die Juden, sich wie Christen zu verhalten, lernten Katechismus und Liturgie kennen, damit sie sich auf der Straße und in der Kirche bewegen konnten, ohne Verdacht zu erregen.

Die Maskerade war so erfolgreich, daß einer der Juden beim örtlichen Apotheker, einem bekannten Faschisten, arbeiten konnte und von ihm die knapp gewordenen Medikamente erhielt. Er ging auch mit einer jüdischen Freundin aus, speiste im besten Restaurant am Platze und grüßte täglich die örtlichen Würdenträger unter den Augen der deutschen Offiziere. Eine jüdische Frau wurde zur führenden christlichen Künstlerin in Assisi. Sie malte Szenen aus dem Leben des heiligen Franziskus, für die deutsche katholische Soldaten hohe Preise zahlten.

In jenem Winter starb Clara Weiß, eine zuckerkranke Jüdin, in dem Kloster, in dem sie sich versteckt hatte. Sie konnte nicht nach jüdischem Ritus bestattet werden, sonst wäre herausgekommen, daß sich hier Juden verbargen. So sorgte Pater Rufino dafür, daß ein Bestattungszertifikat ausgestellt wurde, wonach Signora Carla Bianchi, katholische Flüchtlingsfrau aus Foggia, an Diabetes verstorben sei. Sie wurde im Kloster eingesargt. Flüchtlinge, Priester und Nonnen versammelten sich, während zehn jüdische Männer das Kaddisch sprachen, das jüdische Gebet für die Toten und die Hinterbliebenen. Der Sarg wurde geschlossen und auf einen Wagen gehoben, der von zwei Pferden gezogen wurde. Die Prozession bewegte sich durch die engen Gassen zum Friedhof am Rande der Stadt. Dort las am offenen Grab ein Priester aus dem Neuen Testament vor und hielt eine Predigt zu Ehren der Signora Bianchi, die während ihres siebzigjährigen Lebens in Foggia niemals die Armen und Bedürftigen vergessen und niemals die sonntägliche Messe versäumt habe. Und dann wurde Clara Weiß als einzige Jüdin auf diesem Friedhof zur Ruhe gebettet.

Eines Tages durchsuchte die seit langem mißtrauische SS die jüdischen Verstecke. Informanten aus dem Gestapo-Hauptquartier hatten jedoch rechtzeitig gewarnt, und so flohen die Juden, von Priestern und Partisanen begleitet, in Berge und Wälder. Viele fanden ein neues Obdach bei entlegen wohnenden Bauern. Diejenigen, die nicht jüdisch aussahen, versteckten sich in Nachbarstädten. Am 17. Juni 1944 erreichten die alliierten Truppen Assisi und befreiten die Stadt. Kein einziger jüdischer Flüchtling war in dieser Stadt verhaftet worden. Niemand, der in die Rettungsaktion eingeweiht war, ist jemals zum Verräter geworden.

Lange danach sagte Pater Rufino: »In diesen Monaten habe ich gelogen und betrogen, wenn auch für eine gute Sache; aber ich bin doch ein Sünder, auch wenn ich längst meinen Frieden mit Gott wiedergefunden habe und er mir meine Übertretungen vergeben hat.«

Er starb 1977 im Alter von 66 Jahren.

In ganz Norditalien lebten um diese Zeit etwa 35 000 Juden. Die meisten versteckten sich in kleinen Dörfern, zu denen die SS nur schwer Zugang fand. Die Deutschen begannen eine systematische Menschenjagd und deportierten im Frühjahr 1944 die 7 000 Juden, die sie gefangen hatten, in die Todeslager. Trotz allen Widerstands mutiger Hilfsgruppen wurde doch fast ein Fünftel der Juden Norditaliens getötet.

Während des Krieges besetzten italienische Truppen Teile Südfrankreichs, Kroatiens und Jugoslawiens. Die dort eingesetzten italienischen Offiziere und Beamten zeigten sich den Juden gegenüber recht großzügig. Bisweilen handelten sie genau entgegengesetzt zu Mussolinis Befehlen.

Italiener, nicht Deutsche, besetzten die Stadt Nizza an der französischen Riviera, wo auf engem Raum etwa 50 000 Juden lebten. Die konnten nur darauf hoffen, daß sich die Italiener als menschlicher erwiesen als die Deutschen und sie nicht zur Deportation auslieferten. Ende 1942 ordnete jedoch die französische Vichy-Regierung an, alle ausländischen Juden seien in den nördlichen und von Deutschen besetzten Teil Frankreichs zu bringen. Jeder wußte, daß die Juden von dort aus in die Vernichtungslager des Ostens verschleppt werden sollten.

Angelo Donati, ein italienischer Jude mit guten Beziehungen zur Regierung und zum Vatikan, griff ein. Er brachte den italienischen Konsul in Nizza dazu, sein Außenministerium zum Widerstand gegen die Judenverfolgung in den italienisch besetzten Gebieten zu drängen. Die Juden freuten sich über die erstaunliche Wende. Ein Verbündeter Hitlers schützte sie vor Hitler! Die Juden Nizzas erkannten die Chance, anderen Juden aus Gebieten zu helfen, die von Nationalsozialisten besetzt waren.

Sie fingen an, Juden in die sichere Zuflucht des italienisch besetzten Gebietes zu schmuggeln, brachten erhebliche Geldmittel auf, sorgten für falsche Papiere, stellten Kontakte zur Untergrundbewegung her, warben Schmuggler an, die Menschen aus dem besetzten Gebiet herbeischafften, trieben Lebensmittel, Kleidung und Wohnmöglichkeiten auf.

Das erboste die Deutschen und die französischen Antisemiten. Die Italiener beharrten jedoch auf ihrer Autorität in dem von ihnen besetzten Gebiet. Als französische Antisemiten anfingen, Juden tätlich anzugreifen, stellten die Italiener rund um die Synagoge in Nizza militärische Posten auf. Da der französische Präfekt sich weigerte, ankommenden Juden Personalausweise oder Lebensmittelkarten auszustellen, erteilte die italienische Armee dem jüdischen Ausschuß in Nizza die Vollmacht, eigene Dokumente auszugeben. Jedem französischen Polizisten, der sich weigerte, diese Papiere anzuerkennen, drohten die Italiener mit Verhaftung.

Auch mit weiteren mutigen Schritten forderten die Italiener die Deutschen und ihre französischen Kollaborateure heraus. Eine Anordnung der Regierung in Vichy verlangte, daß alle an Juden ausgegebenen Papiere mit dem Stempel »Jude« zu kennzeichnen seien. Die Italiener untersagten die Anwendung dieser Bestimmung auf italienische, polnische, tschechische, österreichische und deutsche Juden. Sie alle seien staatenlose Flüchtlinge und stünden unter italienischem Schutz.

Als Gerüchte umliefen, Italien werde kapitulieren, das Bündnis mit den Deutschen aufgeben und sich den Alliierten anschließen, hofften die Juden in Südfrankreich, nach Italien fliehen zu können, weil sie sich dort außerhalb von Hitlers Reichweite glaubten. Die Regierung Badoglio stimmte zu, 30 000 Juden zuzulassen, falls die Alliierten, mit denen Geheimverhandlungen geführt wurden, nicht widersprachen. Tausende von Juden kamen nach Nizza und erwarteten den Transport nach Italien. Aus irgendwelchen Gründen wurde die Erlaubnis jedoch zurückgehalten. Als die Alliierten vorzeitig die sensationelle Nachricht vom Waffenstillstand mit Italien veröffentlichten, schickten die Deutschen eilig ihre Truppen nach Südfrankreich. Einige Hundert Juden flohen mit den italienischen Streitkräften, wurden jedoch später von den Deutschen aufgegriffen und getötet.

In Nizza jagten Deutsche und französische Antisemiten die Juden, durchsuchten bei Tag und Nacht Wohnungen und Hotels. Menschen, die man für Juden hielt, wurden auf der Straße angehalten und gezwungen, sich zu entkleiden. Waren sie beschnitten (was damals noch ein fast sicheres Kennzeichen für die Zugehörigkeit zur jüdischen Religionsgemeinschaft war), wurden sie zusammengeschlagen und zu einem Sammelplatz geschleppt. Manche versteckten Juden wurden gegen ein Kopfgeld verraten. Die Festnahmen in Südfrankreich waren so brutal wie in Polen. Tausende der Festgenommenen starben in Auschwitz.

In Kroatien stationierte italienische Truppen zeigten dieselbe Haltung gegenüber den dortigen Juden wie ihre Kameraden in Südfrankreich. Die meisten Kroaten waren jedoch sehr grausam zu den Juden. 1941 wurde der junge Ivo Herzer gemeinsam mit seiner Familie und einem Dutzend anderer Juden in einer kroatischen Kleinstadt gefangen. Sie hatten gehofft, im Norden die Grenze nach Italien überschreiten zu können. Herzer erinnert sich an das Geschehen:

»Die Lage schien hoffnungslos. Zufällig kamen jedoch einige dort stationierte italienische Soldaten an dem Haus vorüber, in dem wir uns aufhielten. Mein Vater hatte den Einfall, auf sie zuzugehen und ihnen nur zwei Worte zu sagen: »Ebrei paural!« (Juden – Angst!). Die Soldaten reagierten sofort und antworteten: »Nienta paura!«, was soviel bedeutete wie ›Fürchtet nichts!‹. Bald kam auch ihr Sergeant. Er sprach französisch und erklärte uns, er wolle versuchen, uns in einen Zug zu bringen, der italienische Soldaten in ihre Heimat zurückfahren sollte. Vielleicht gelänge es, dadurch unser Leben zu retten.

Wir glaubten ihm nicht, aber um Mitternacht dieses Tages kam er mit ein paar Soldaten, von denen wir bisher keinen gesehen hatten. Sie verlangten kein Geld und keine Versprechungen, sondern führten uns zum Bahnhof und ließen uns gemeinsam mit ihnen in einen italienischen Armeezug einsteigen.

Der Zug war voller italienischer Soldaten, die überrascht waren, plötzlich eine Gruppe von zwölf oder fünfzehn zerlumpten Zivilisten unter sich zu sehen. Der Sergeant erklärte ihnen alles. Wir verstanden die Worte ›Flüchtling‹, ›arme Leute‹, ›Juden‹. Ich spreche nicht italienisch und weiß nicht, was er seinen Kameraden alles gesagt hat, aber jedenfalls gelang es ihm, uns über die Grenze in die italienische Stadt Fiume zu bringen.

Doch das war noch nicht alles. Der italienische Unteroffizier ging zu den Behörden, verlangte zu essen und zu trinken für uns (wir bekamen auch sofort etwas) und verabschiedete sich dann. Ich weiß seinen Namen nicht, aber ich weiß, daß er und andere Italiener Hunderten von Juden zur Flucht aus Kroatien geholfen und sie dadurch vor dem sicheren Tod bewahrt haben.«

Später kam Herzers Familie in ein Lager an der Küste. Sie fürchteten, daß die Italiener sie unter dem Druck der Deutschen ausliefern würden, doch die Italiener hielten jedem Druck stand und ließen zu, daß die Juden im Lager ihre eigene Verwaltung organisierten. Es gab die Möglichkeit zu religiöser Betätigung, eigene Schulen wurden eingerichtet, Lebensmittelrationen wurden geliefert. Die meisten Juden dieses Lagers überlebten den Krieg und hatten es italienischem Schutz zu verdanken.

Man schätzt, daß etwa 85 Prozent der italienischen Juden gerettet wurden. Rund 32 000 italienische und einige Tausend ausländische Juden wurden von Italienern erfolgreich versteckt. Diese Überlebensrate zählt zu den höchsten im besetzten Europa. Worauf ist das zurückzuführen? Objektive und persönliche Faktoren spielen dabei eine Rolle.

Zunächst einmal begannen die Deportationen viel später als in anderen Ländern. Die Zeit der großen Gefahr war kürzer. Sie betrug in Rom nur neun, in Nord- und Mittelitalien zwanzig Monate. Außerdem war der jüdische Bevölkerungsanteil in Italien winzig, er betrug nur ein Zehntel Prozent. Der Bedarf an Hilfe und Helfern war deshalb nicht so groß wie in anderen Ländern. Die meisten italienischen Juden waren wohlhabend und nicht durch langes Gettoleben verarmt. Geld erleichterte das Überleben. Hilfreich war auch, daß die italienischen Juden sich äußerlich nicht von anderen Italienern unterschieden; sie konnten dadurch leichter untertauchen. Viele Juden waren – genau wie andere Italiener – sehr erfindungsreich; sie waren daran gewöhnt, eine eigene Meinung zu vertreten und sich nicht auf Anordnungen der Behörden zu verlassen, und sie waren auch bereit, Gesetze zu übertreten, wenn es sich als unumgänglich erwies. Sobald sie die Gefahr erkannten, handelten sie schnell, um sich zu retten.

Ohne die Hilfe von Männern und Frauen der Kirche, ohne Beamte und Regierung, ohne Arbeiter, Bauern und Hausfrauen wären sie jedoch nicht so erfolgreich gewesen. Vielen hilfreich ausgestreckten Händen, ihrem eigenen Mut und dem unberechenbaren Glück haben sie ihr Überleben zu verdanken.

10 Tun, was getan werden muß

Holland und Belgien fielen der Kriegsmaschinerie der Nationalsozialisten im Mai 1940 zum Opfer. Die Juden in dieser nordwestlichen Ecke Europas lebten ganz anders als die osteuropäischen Juden. In Holland machten sie nur 1,6 Prozent der Bevölkerung aus. Sie sprachen dieselbe Sprache wie alle Niederländer, teilten eine gemeinsame Kultur, sahen genauso aus und kleideten sich wie ihre Nachbarn. Schon lange trugen sie nicht mehr die Bärte und die Kaftans der Ostjuden. Die Gettos waren seit einem Jahrhundert aufgelöst, jetzt bewegten sich die Juden gleichberechtigt und frei unter den Nichtjuden. Nur in Amsterdam gab es einen relativ hohen jüdischen Bevölkerungsanteil von zehn Prozent. Die Juden betrachteten sich als Mitbürger mit allen Rechten und Pflichten, und so wurden sie auch von den meisten Niederländern betrachtet. Antisemitismus war zwar nicht unbekannt, doch es gab nur eine sehr kleine niederländische Nazibewegung.

Die Deutschen hatten Holland fest im Griff. Nationalsozialisten übernahmen die Verwaltung. Juden wurden aus öffentlichen Ämtern entfernt und von den freien Berufen ausgeschlossen. Jüdische Firmen brachen entweder zusammen, oder sie wurden von Nichtjuden übernommen. Jüdische Angehörige der wohlhabenden Klasse oder des Mittelstandes wurden in bittere Armut gezwungen.

Bald wurden auch jüdische Lehrer entlassen, jüdische Schüler von allen anderen getrennt. Als Professor R. P. Cleevringa von der Universität Leiden protestierte und sich gegen die Entlassung eines jüdischen Kollegen wehrte, wurde er in ein Konzentrationslager gebracht. Die Studenten in Leiden und anderen Universitäten streikten gegen die Entlassung der jüdischen Professorenschaft. Einige Studentengruppen lösten sich lieber selbst auf, anstatt ihre jüdischen Mitglieder auszuschließen.

Anfang 1941 provozierten die Nazis die ersten antijüdischen Aktivitäten in Amsterdam. Holländische Nazis unter der Führung deutscher SS-Leute marschierten in das alte jüdische Quartier, zerschmetterten Fenster, zerrten Juden aus den Straßenbahnen, legten Feuer an Synagogen, griffen Fußgänger an. Die Juden wehrten sich mit Eisenstangen, Keulen und Fäusten. Christliche Nachbarn mischten sich ein und forderten die Nazis zum Rückzug auf. Diese beugten sich, kamen jedoch am Abend verstärkt zurück. Christliche Fabrik- und Hafenarbeiter verbündeten sich mit den jüdischen Kämpfern, Frauen versorgten jüdische Kinder, Ärzte behandelten Verletzte. Wieder wurden die holländischen Nazis zurückgeschlagen. Durch diesen unerwarteten Widerstand verärgert, setzten die Deutschen automatische Waffen und Panzer ein.

Einige Tage später nahmen SS-Leute 425 junge Juden auf den Straßen fest und brachten sie nach Mauthausen, wo sie umgebracht wurden. Die Holländer waren empört. In Amsterdam traten einige Tausend Arbeiter in den Streik, um gegen Deportationen und Verpflichtungen zu Zwangsarbeit zu protestieren. Die Rebellion breitete sich aus. Schiffswerften, Munitionsfabriken, Transportsysteme in weiteren Städten schlossen sich an.

Das war das einzige Mal im besetzten Europa, daß Arbeiter gegen die Verschleppung von Juden streikten. Die Deutschen waren erstaunt, doch sie brauchten nicht lange, um die Streiks niederzuschlagen. Sie verhängten das Kriegsrecht, nahmen wahllos Arbeiter fest und sperrten viele von ihnen in Konzentrationslager.

Der erste Schritt zur Verschleppung der Juden, ihre genaue Erfassung, war bereits angeordnet. Jetzt wurde der Buchstabe »J« auf die Personalausweise gestempelt. Gettogebiete wurden eingezäunt. Dann wurde den Juden befohlen, den gelben Stern zu tragen. (Als Zeichen der Sympathie steckten sich holländische Christen gelbe Blumen ins Knopfloch.) Juden durften nicht mehr in nichtjüdischen Geschäften einkaufen, durften keine Kinos, Konzerte, Museen, Badestrände besuchen oder öffentliche Verkehrsmittel oder Taxis benutzen.

Die Kirchen schwiegen nicht. Sie ermutigten ihre Gemeinden zum Widerstand. In einem Pastoralbrief hieß es:

»Wir wissen, welche Gewissenskonflikte für die Betroffenen entstehen. Um alle Zweifel und Unsicherheiten zu beseitigen, erklären wir hiermit ausdrücklich, daß in dieser Gewissensfrage kein Kompromiß erlaubt ist. Sollte der Widerstand Opfer verlangen, so soll jeder sie in der Gewißheit bringen, seine Verantwortung vor Gott und den Menschen zu erfüllen.«

Der Geist, der aus diesen Worten sprach, war es, der die Christen zur Hilfe anregte.

In Holland waren Juden nicht leicht zu verstecken. Flach, sumpfig, ohne Wälder und Höhlen, bot das Land fast keine natürlichen Verstecke. Ins Ausland zu fliehen, war noch schwieriger. Der Ausweg wurde von Deutschland auf der einen Seite, vom besetzten Belgien auf der anderen und vom offenen Meer im Westen und Norden versperrt. Und doch wagten holländische Christen mit großer Tapferkeit immer wieder alles, um Juden zu retten. Sie versteckten sie in Kellern, Dachkammern und Schränken, in Wohnungen, Büros und Lagerhäusern, in Klöstern und Waisenhäusern.

Ein Lebensmittelhändler, Leendert Hordijk, versteckte in seiner Wohnung in einer Kleinstadt fünf Juden und teilte drei Jahre lang seine mageren Rationen mit ihnen. Er hatte Glück. 20 000 andere holländische Christen wurden in Konzentrationslager gesteckt, weil sie versucht hatten, dem nazistischen Rassismus entgegenzutreten.

Das junge Mädchen Anne Frank, dessen Name heute in aller Welt bekannt ist, beschrieb in ihrem Tagebuch, wie Christen ihre Familie und ihre Freunde zwei Jahre lang versteckt hielten. Die Familie Frank gehörte zu den Tausenden jüdischer Flüchtlinge aus Deutschland und Österreich, die vor dem Krieg Aufnahme in Holland gefunden hatten. Jahrhundertelang hatten die Niederlande Verfolgten eine Zuflucht geboten: französischen Hugenotten im 16. Jahrhundert, englischen Puritanern im 17. Jahrhundert, im Jahre 1934 war es Annes Familie. Der Vater, Otto Frank, hatte einen Lebensmittelhandel in Amsterdam aufgebaut. Als die Franks 1942 zur Deportation aufgerufen wurden, versteckten sie sich in einem Lagerhaus an der Prinsengracht, das zu diesem Zweck bereits vorbereitet war.

Ein niederländischer Informant war dafür verantwortlich, daß sie im August 1944 aufgespürt wurden. Auch zwei der Christen, die sie verbargen, Herr Koophuis und Herr Kraler, wurden verhaftet. Wegen seines Gesundheitszustandes wurde Herr Koophuis bald freigelassen, Herr Kraler hingegen verbrachte acht Monate in einem Zwangsarbeitslager. Mit dem letzten von Eichmann organisierten Transport holländischer Juden kam Anne Frank nach Auschwitz. Von dort wurde sie in das Lager Belsen nach Deutschland verlegt. Ausgehungert, typhuskrank, starb sie in dem Lande, in dem sie geboren war. Sie war noch nicht sechzehn Jahre alt.

In einem Land wie Holland gehörte großer Einfallsreichtum dazu, Juden verschwinden zu lassen. Eine Studentengruppe in Utrecht widmete sich der Aufgabe, Verstecke für jüdische Kinder zu finden. Viele von ihnen fanden bis zum Ende des Krieges Geborgenheit in christlichen Familien. Eine andere, auf Fälschungen spezialisierte holländische Gruppe stellte falsche Papiere für Juden her. Die niederländische Widerstandsbewegung bat das ganze Volk um Hilfe.

»Landsleute! Die Deportation aller jüdischen Mitbürger ist das letzte Glied in der langen Kette unmenschlicher Maßnahmen. Sie bedeutet die völlige Vernichtung der Juden ... Die Niederlande sind zutiefst gedemütigt worden ... Wir müssen beweisen, daß unsere Ehre nicht verloren, daß unser Gewissen nicht verstummt ist ... Wir fordern unsere niederländischen Landsleute auf, alle Vorbereitungen und ausführenden Maßnahmen zur Deportation zu sabotieren. Erinnert euch an an die Februar-Streiks, als ein entschlossenes Volk bewies, was es bewirken kann. Wir zählen darauf, daß Bürgermeister und hohe Beamte bereit sein werden, ihre Ämter aufs Spiel zu setzen, falls es notwendig wird, daß sie aber jede Zusammenarbeit mit den Deutschen verweigern. Wir erwarten von jedem, der dazu in der Lage ist, seine Bereitschaft zur Sabotage.«

Die holländischen Christen halfen ihren jüdischen Landsleuten, und oft wurden sie dafür ermordet. Sie hungerten, doch sie teilten das wenige, das sie hatten, mit den Juden. Durchschnittlich 400 Menschen starben täglich an Hunger.

Das Ehepaar Joop und Will Westerweel ragt in der niederländischen Geschichte hervor wie André und Magda Trocmé in der französischen. Joop, ein christlicher Anarchist, Pazifist und Lehrer, emigrierte in seiner Jugend nach Niederländisch Ostindien und arbeitete dort sechs Jahre. Sein öffentlicher Protest gegen die Ausbeutung der Indonesier durch die Holländer sorgte dafür, daß ihn die Behörden nur zu gern gehen sahen.

Wieder in Holland, eröffnete Joop eine Montessori-Schule in Luindsrecht und wurde ihr Leiter. Bei Kriegsausbruch gaben er und seine Frau ihre vier Kinder in Pflegeheime, gaben ihren Beruf auf und schlossen sich der Untergrundbewegung an, um gegen die Verfolgung der Juden Widerstand zu leisten. Sie wurden die einzigen christlichen Mitglieder einer zionistischen Jugendgruppe, die in ihrer Stadt von zwei jungen Lehrern, Joachim Simon und seiner Frau Adina, gegründet worden war. Die Arbeit dieser Gruppe bestand darin, jüdische Kinder in die Schweiz zu schmuggeln. Sie legten Schmuggelpfade durch die französischen Berge bis in die Schweiz an. Diese Arbeit ging jedoch viel zu langsam voran, und so ging Simon nach Frankreich, um Verbindungen zur französischen Résistance zu knüpfen und eine neue Route durch die Pyrenäen in das neutrale Spanien zu entwickeln. Er hoffte, daß die Kinder dann von Spanien nach Palästina geschickt werden konnten.

Als er eines Tages von einer seiner gefährlichen Rettungsmissionen nach Holland zurückkehrte, wurde Simon von der Gestapo verhaftet. Man folterte ihn, um die Namen anderer Mitglieder seiner Gruppe zu erfahren. Da er fürchtete, endlich doch nachzugeben, schnitt Simon sich die Pulsadern auf und starb, stumm bis zum letzten Augenblick.

Obwohl nun schon über vierzig Jahre alt, übernahm Joop die Leitung der Rettungsgruppe. Nach einem Jahr Untergrundarbeit wurde seine Frau Will verhaftet, gefoltert und in ein Konzentrationslager gebracht. Joop führte auch weiterhin Kinder aus den Niederlanden durch Frankreich nach Spanien. Sofort nach der Rückkehr von jeder Mission ging er an die Vorbereitung der nächsten.

Ein Kind erinnert sich daran, was Joop sagte, als er es in Sicherheit gebracht hatte: »Kommt gut über diese gefährliche Wegstrecke hinweg und baut eure Heimat auf, eine Heimat für das ganze jüdische Volk. Aber vergeßt dabei nicht, daß ihr der ganzen Menschheit verpflichtet seid. Vielleicht habt ihr das in Holland gelernt. Vergeßt uns nicht, eure nichtjüdischen Kameraden!«

Im Sommer 1944 wurde Joop verhaftet und vor Gericht gestellt, weil er versucht hatte, zwei jüdische Mädchen aus einem Nazilager in Holland zu befreien. Er wurde in ein Lager bei Vught gebracht. Durch einen Lagerarzt gelang es der Untergrundbewegung, Kontakt zu ihm aufzunehmen. Fünf Monate lang, während ein Plan zu seiner Rettung entwickelt wurde, folterten die Deutschen einen »Arier«, der es gewagt hatte, Juden zu helfen. In einem Brief, den der Arzt aus dem Lager schmuggelte, berichtete Joop:

»Ich wurde gezwungen, von Donnerstag- bis Samstagmittag pausenlos auf den Füßen zu bleiben, die Hände auf dem Rücken gefesselt. In einer kleinen Zelle in einem dunklen Keller ... Meine Tagesration bestand aus vier Scheiben Brot und einer Flasche Tee ... Man verhört mich, fesselt mich, schlägt mich ... Jede Frage wird von Schlägen und Fußtritten begleitet ... Man hat mich gefragt, ob ich einen Brief an meine Frau schreiben wolle. Eifrig fing ich an, doch sie unterbrachen mich gleich wieder und setzten das Verhör fort ... Jetzt habe ich einen Augenblick Ruhe, aber am Montag fängt alles wieder an ... Ich werde ihnen keinen Namen verraten, das weiß ich genau. Noch fühle ich mich stark. In der Nacht, wenn die Folter unterbrochen wird, können meine Wunden ein wenig verheilen. Wenn die Befragung am Morgen wieder aufgenommen wird, bin ich ausgeruht und auf der Hut. Ich werde schweigen, da bin ich ganz sicher.«

Niemals nannte er einen Namen. Doch ehe seine Rettung bewerkstelligt werden konnte, wurde der Arzt, der die Verbindung zum Untergrund hergestellt hatte, entdeckt und erschossen. Als die Deutschen Joop in den Wald führten, um auch ihn zu erschießen, sang er ein Freiheitslied, das er liebte. Seine Witwe, die nach fünfzehn Monaten aus dem Konzentrationslager befreit wurde, überlebte den Krieg.

Ebenfalls in Holland liegt das Dorf Niuvelande, das auf seine Art so bemerkenswert ist wie Le Chambon in Frankreich. Ohne jede Hilfe von Außenstehenden beschlossen die Bewohner, daß jede Familie einen Juden oder eine jüdische Familie aufnehmen wollte. Niemand fürchtete, von einem Nachbarn verraten zu werden, denn in diesem Dorf war jeder »mitschuldig«.

Eine Jüdin, die in den Unterlagen nur als »NRK« bezeichnet wird, war 1933 von Polen nach Holland eingewandert. Sie erlebte die deutsche Besatzung in Heerlen und erzählt, wie der christliche Arzt De Jong zu Beginn der Deportationen mehrere hundert Juden dadurch rettete, daß er sie als Patienten in sein Haus aufnahm. Sobald er Hinweise erhielt, daß die Deutschen die Krankenabteilung nach Juden durchsuchen wollten, gab De Jong den Juden einschläfernde Mittel, bis sie das Bewußtsein verloren, und dann erklärte er den Nazis, seine Patienten seien viel zu krank, um transportfähig zu sein ... NRK und ihr Ehemann blieben drei Monate unter dem Schutz dieses Arztes. Eines Tages kam ein holländischer Polizist namens Jongen und meldete, die Nazis wollten das Krankenhaus von allen Juden säubern, wie krank sie auch sein mochten. An diesem Abend brachte Dr. De Jong NRK und zehn weitere Verfolgte in sein eigenes Haus. Dort verbarg und verpflegte er sie zwei Jahre lang, bis die amerikanischen Truppen Holland befreiten. Als er von einer allgemeinen Hausdurchsuchung erfuhr, brachte er seine Gäste in ein anderes Versteck, bis die Gefahr vorüber war, dann kehrten sie wieder zurück. Wurde jemand krank, brachte er einen vertrauenswürdigen Arzt mit. Wenn sie Schmerzen hatten, brachte er seine Schützlinge sogar zum Zahnarzt.

Johtje Vos und ihr Mann Aart gehörten zur niederländischen Untergrundbewegung zur Rettung der Juden. Obwohl sie vier Kinder hatten, riskierten sie die Sicherheit ihrer Familie. Ob sie dabei manchmal Angst hatten? »Mein Gott, ja!« sagte Frau Vos.

»Ich hatte Todesangst und war dem Tode auch nahe genug. Einmal war ich in den Händen der Gestapo, mein Mann war im Gefängnis, und die Nazis nahmen viele Hausdurchsuchungen vor. Ich hielt 36 Menschen versteckt, 32 Juden und vier andere, die ebenfalls von der Gestapo gesucht wurden. Von unserem Hause aus hatten wir einen Tunnel zu einem Park gegraben, und wenn wir gewarnt wurden oder merkten, daß das Dorf umstellt wurde, retteten sich alle in diesen Tunnel. Alle überlebten, weil wir eben ein Haus hatten, von dem aus so etwas möglich war. Leicht war es nicht, und wir hatten große Angst, aber wir konnten ein klein wenig helfen, und wir taten es, weil wir glaubten, daß es getan werden mußte.«

Noch lange nach dem Krieg fragte man die Familie Vos, warum sie den Juden geholfen habe. Frau Vos antwortete: »Nun, mein Mann und ich haben uns niemals zusammengesetzt, darüber diskutiert und dann gesagt: Wir wollen Juden helfen. Es ist einfach so gekommen. Es war eine spontane Reaktion. Solche Dinge hängen von unserem Schicksal ab, sind ein Ergebnis unserer Erziehung, unseres Charakters, unserer allgemeinen Menschenliebe und vor allem unserer Liebe zu Gott. Und ich glaube, es war auch etwas wie Selbstvertrauen und Optimismus dabei. Ich habe mir selbst gesagt: Nun mach schon, du kannst es! Eine glückliche Ehe hat übrigens auch viel dazu beigetragen. Wenn man sich daheim stark fühlt, kann man auch für andere stark sein.«

Manchmal war es der Anblick von Nazibrutalitäten, der Christen zum Handeln trieb. Marion Pritchard, eine holländische Studentin in Nimwegen, kam mit dem Fahrrad an einem Heim für jüdische Kinder vorüber, als sie sah, daß Deutsche weinende kleine Kinder auf Lastwagen verluden. Wenn sie sich nicht schnell genug bewegten, packten die Deutschen sie bei Armen, Beinen oder Haaren und warfen sie auf die Autos. Zwei vorüberkommende Frauen wollten sich einmischen und wurden daraufhin ebenfalls auf die Lastwagen getrieben. Marion konnte es nicht glauben, daß erwachsene Männer kleine Kinder so behandeln konnten. Weinend saß sie auf ihrem Fahrrad, und in diesem Augenblick nahm sie sich vor, alles in ihrer Macht Stehende zu tun, um solche Grausamkeiten zu verhindern.

Sie verbündete sich mit zehn engen Freunden, die ebenso dachten wie sie. Gemeinsam nahmen sie sich vor, jede mögliche Hilfe zu organisieren. Sie fanden Verstecke für Juden, besorgten Lebensmittel, Kleidung und Bezugsscheine für die Verfolgten und für Familien, die Juden versteckt hielten. Sie ließen neugeborene jüdische Kinder als christlich eintragen und sorgten für medizinische Hilfe. Als Marion von einem Vater mit drei kleinen Kindern hörte, der obdachlos war, bewegte sie einen alten Freund ihrer Familie, sie alle und Marion selbst dazu in sein Landhaus ziehen zu lassen. Dort versteckten sie sich alle für die nächsten zwei Jahre bis zum Kriegsende. Vorsorglich richteten sie ein Versteck unter den Dielen ein, in dem sie sich bei Haussuchungen verbergen konnten.

Einmal durchsuchten vier Deutsche mit einem niederländischen Polizisten, einem Nationalsozialisten, das ganze

Haus und fanden nichts. Da ihnen aber klar war, daß es sich durchaus auszahlen konnte, wenig später noch einmal zu suchen, weil dann die Juden vielleicht aus ihren Verstecken kamen, schickten sie den niederländischen Nazi allein noch einmal zurück. Die Kinder hatten geweint, und Marion hatte sie aus ihrem Versteck gelassen. Der Polizist trat in das Haus. Marion selbst berichtet, was sich dann abspielte:

»Ich hatte einen kleinen Revolver, den ein Freund mir gegeben hatte, doch nie war es meine Absicht gewesen, ihn auch zu benutzen. Doch jetzt hatte ich das Gefühl, keine Wahl mehr zu haben, als diesen Mann zu töten. Unter den gegebenen Umständen würde ich es wieder tun. Aber es quält mich noch immer, und noch immer habe ich das Gefühl, daß es auch eine andere Lösung gegeben haben müsse. Hätte sich wirklich jemand die Mühe gegeben, etwas über den Verbleib des Mannes zu erfahren, hätte man alles herausfinden müssen. Aber alle waren wohl der Ansicht, es gebe nun einen Verräter weniger, vor dem man auf der Hut sein müsse. Ein örtlicher Bestattungsunternehmer half, die Leiche zu beseitigen; er legte sie gemeinsam mit einem ›legalen‹ Toten in einen Sarg. Ich hoffe, die Familie des Toten wäre damit einverstanden gewesen.«

Wie viele Juden überlebten in Holland? Etwa 25 000 versteckten sich bei Christen, doch viele von ihnen – die genaue Zahl ist unbekannt – wurden verraten und kamen ums Leben. Von 125 000 Juden starben ungefähr drei Viertel. Den Niederländern gelang es trotz des Einsatzes vieler guter Menschen nicht, einen Großteil der Juden ihres Landes zu retten.

In Belgien waren die Rettungsaktionen erfolgreicher. Von einer jüdischen Bevölkerung von 57 000 in den Jahren 1940/41 überlebten 29 000, also mehr als 50 Prozent. Wie in Dänemark wurden die Juden auch hier nicht als »gut«

oder »böse« betrachtet, sondern einfach als Menschen in Gefahr, denen man aus Gründen der Menschlichkeit und der eigenen Moral helfen mußte. Zudem gingen die belgischen Juden auch schnell dazu über, sich selber zu helfen. Sie standen der geplanten Vernichtung nicht passiv gegenüber. Der belgische Untergrund half ihnen: Sozialisten, Kommunisten und Führer der katholischen Kirche.

König Leopold und seine Mutter, die Königin Elisabeth, dazu viele hohe Beamte nutzten ihre Macht und ihre Kenntnisse, um nationalsozialistische Gesetze gegen die Juden zu umgehen. Als die Regierung ins Exil nach London ging, erklärte sie, daß sie keine Verfolgungsmaßnahme gegen Juden billigen würde, auch nicht die Beschlagnahme ihres Vermögens. Auf diese Weise ließ die Exilregierung das belgische Volk wissen, daß sie jeden zur Verantwortung ziehen werde, der versuchen würde, vom Leiden der Juden zu profitieren.

Belgier kauften keinen von den Deutschen gestohlenen jüdischen Besitz. Der Börsenhandel weigerte sich, Sicherheiten zu akzeptieren, die vermißten Juden gehörten. Als die Nazis den Juden befahlen, gelbe Sterne an der Kleidung zu tragen, gingen Christen mit denselben Sternen durch die Straßen. Im August 1942 wurde die erste Gruppe belgischer Juden nach Auschwitz transportiert. Die belgische Polizei sabotierte die deutschen Bemühungen, indem sie Akten verlegte oder Papiere für die Juden fälschte.

Tausende von Juden wurden von verschiedenen belgischen Gruppen verborgen. Große Geldsummen wurden gesammelt, um gefälschte Papiere zu bezahlen und Juden im Versteck zu helfen. Priester, unterstützt von großzügigen Nachbarn, Kaufleuten und Beamten, taten viel, um insbesondere Kinder zu retten. Unterstützt wurden sie darin auch durch einen heftigen Angriff des Kardinals van Roey gegen die Nazis. »Es ist Katholiken verboten, sich an einer Regierung zu beteiligen, die Unterdrückung ausübt«, sagte er. »Alle Christen sind verpflichtet, gegen ein solches Regime zu arbeiten.« Viele Belgier hörten auf den Kardinal. Eisenbahner ließen Juden aus Deportationszügen fliehen, Postbeamte fingen Briefe von Informanten an die Nazibehörden ab. Trotzdem hatten bis zum September 1944, als das Land befreit wurde, 25 000 belgische Juden ihr Leben in Auschwitz lassen müssen.

Es gibt viele Berichte über einzelne Belgier, die das Überleben ihrer jüdischen Nachbarn ermöglichten. In Namur kümmerte sich der Priester Joseph André um ein Haus voller jüdischer Kinder. Dabei halfen ihm sein Bischof, die Jesuiten und die Schwestern der Caritas. Städtische Beamte versorgten ihn mit den nötigen falschen Papieren. Ein von ihm gerettetes Kind erinnert sich an die Fürsorge des Paters:

»Er saß die ganze Nacht in einem Sessel und nickte manchmal ein. Er dachte nicht daran, sich auszuziehen und zu Bett zu gehen, denn er lebte in der ständigen Furcht vor einer Durchsuchung. Sobald jemand an die Tür klopfte, war Pater André auf den Beinen. Minutenschnell ließ er die verborgenen Kinder durch einen Geheimgang in ein Nachbarhaus verschwinden, in dem ein Arzt lebte. Alle Nachbarn halfen mit. Ohne sie hätte Pater André nicht so viel bewerkstelligen können. Die Fleischer und Lebensmittelhändler von Namur lieferten ihm, was er für seine Kinder brauchte.«

Der Priester hielt es für wichtig, das jüdische Erbe seiner Schützlinge zu bewahren. Er unterrichtete sie in den Lehren des Judaismus und predigte ihnen niemals seinen eigenen Glauben. Unter großem Risiko half er ihnen, das Passahfest nach den Regeln ihres Glaubens zu feiern.

Ein anderer Priester, Louis Celis, nahm vier Kinder deportierter Eltern drei Jahre lang in seinem Haus auf. Sie gingen zur Kirche, um kein Mißtrauen zu erregen, doch daheim lehrte er sie die Torah und hörte ihre hebräischen Gebete ab. Als einer der Jungen dreizehn Jahre alt wurde, sorgte er für seine Bar-Mizwa.

Pater Edouard Froidure leitete bereits ein Lager für Hunderte von Kindern, als die Nazis in Belgien einfielen. Juden brachten ihre Kinder zum Verstecken zu ihm. Er nahm sie auf, gab ihnen falsche Namen und Geburtsurkunden. Ungefähr 300 Kinder rettete er so ohne jede Hilfe von außen. Endlich nahmen ihn die Nationalsozialisten fest und schickten ihn in ein deutsches Lager. Bei der Ankunft der Alliierten wurde er befreit.

Auch andere Belgier verdienen Erwähnung: Jeanne Damman, eine junge Katholikin in Brüssel, wurde Leiterin einer Untergrundschule für jüdische Kinder; Jeanne de Mulineaere, eine katholische Journalistin, die sich einer Widerstandsgruppe anschloß, die über 3 000 jüdische Kinder in Klöstern, Schulen oder Familien unterbrachte und dadurch rettete.

Die meisten Belgier und Holländer verfluchten die Deutschen insgeheim, aber diese tapferen Männer und Frauen waren bereit, ihr Leben zu opfern, um die Tragödien zu verhindern, die Hitler über sie brachte.

11 Ein Stück Brot, ein Teller Suppe

Sogar in Auschwitz taten einige nichtjüdische Häftlinge, die selbst den Tod vor Augen hatten, alles, was in ihrer Macht stand, um Juden zu helfen, die ihr Schicksal teilten. Einige Autoren, die über den Holocaust schrieben, haben vorausgesetzt, daß es in den Todeslagern keine moralische Ordnung gegeben haben könne. Menschliche Verhaltensweisen seien dort unmöglich gewesen. In einer geschlossenen, vom Tode bedrohten Welt, so sagten sie, macht die Tötungsmaschinerie Menschen zu Tieren, die jeder Würde und jeden Anstands beraubt sind. Sie nahmen an, daß Opfer, die von der Hand anderer entsetzliche Dinge erleiden mußten, sich in Schakale verwandelten, die nur noch darauf aus waren, bei ihren Mitopfern Beute zu machen.

Zeugnisse von Überlebenden aus den Lagern oder solche, in denen Überlebende zitiert werden, widersprechen solcher Annahme. Terrence des Pres hat eine Studie über diese weitverstreute Literatur aufgestellt, die reichlich Beweise dafür liefert, daß niemand ohne die Hilfe anderer überleben konnte. Sicher, »das Leben in diesen Lagern war hart«, sagt er in seinem Buch *Der Überlebende,* »doch es gab auch ein Geflecht gegenseitiger Hilfe und Ermutigung ... gab winzige Fäden der Fürsorge, einen schmalen Saum des Gebens und Empfangens ... die für ein Leben unter extremen Bedingungen unerläßlich waren.« Der Impuls zur Solidarität wurde nicht vernichtet. »Die Gefangenen standen vor der Wahl, daß jeder nur sich selbst half oder aber, daß sie einander gegenseitig halfen. Viele zeigten durch kleine Taten der Fürsorge, daß die Nazis in ihnen nicht jede Spur menschlicher Gemeinsamkeit vernichten konnten.«

»FF«, Jüdin, war zwanzig Jahre als, als sie nach Auschwitz gebracht wurde, und das nach vierzehn Monaten Blizyn, einem Arbeitslager, in dem sie gemeinsam mit anderen jüdischen Gefangenen Uniformen für deutsche Soldaten an der russischen Front genäht hatte. Barfüßig, zerlumpt, ausgehungert kam sie als einziges überlebendes Mitglied ihrer Familie nach Auschwitz. Jetzt wurde eine auf den Arm tätowierte Nummer – A 15794 – zu ihrem Namen.

Sie wurde zur Arbeit außerhalb des Lagers eingeteilt. An den Ufern der Vistula mußten Gräben ausgehoben werden. Es war eine erschöpfende Arbeit, und »FF« wurde bald krank. Wunden bedeckten ihren Leib. Eines Tages sah sie bei der Arbeit eine Gruppe nichtjüdischer Zwangsarbeiter vorüberziehen. Einer, ein siebzehnjähriger Junge, kam ihr bekannt vor. Plötzlich lief er aus dem Glied und kam auf sie zugerannt. Sie erkannten einander. Es war Kazik Wonisowski aus ihrer Heimatstadt Mozowiecki. Ihre Familien waren vor den Verhaftungen befreundet gewesen. »FF« berichtete, was diese zufällige Begegnung in einer wahrhaften Hölle für sie bedeutete:

»Am nächsten Tag kam Zosia, Kaziks Schwester, in unseren Block. Ich erkannte sie sofort. Wir fielen uns in die Arme, und sie erzählte mir, sie habe durch ihren Bruder von mir gehört. Sie schenkte mir ein Kleid – und das war ein kostbarer Besitz. Sie arbeitete in der Küche, Kazik im Lagerhaus, wo die Kleider der im Krematorium verbrannten Juden aufbewahrt wurden. Beide waren politische Gefangene. Das Kleid, das Zosia mir schenkte, half mir nicht nur, von einem Tag auf den anderen zu überleben, sondern es bewahrte mich auch während der Selektionen vor dem Tode. Solche Selektionen fanden unaufhörlich statt. Man wurde in ihrem Verlauf nicht nur zum Tode verurteilt, wenn man krank oder nicht mehr arbeitsfähig war, sondern auch schon, wenn sich irgendeine Wunde oder ein Geschwür zeigte.

Fast mein ganzer Leib war von Wunden überdeckt, besonders die Beine. Zosia brachte mir auch ein Paar Strümpfe. Bei der Selektion trug ich Kleid und Strümpfe. Mein nackter Oberkörper war ohne Wunden. Zum Glück habe ich so alle Selektionen überstanden.

Kazik brachte mir eine Hose, ein Stück Brot und Butter. Das alles waren unendlich kostbare Geschenke. Aber am kostbarsten waren sie als Symbol menschlicher Freundschaft. Das war wichtig, um am Leben zu bleiben und die Hoffnung zu bewahren, diese Prüfung doch irgendwie überleben zu können.«

Sie überlebte und kam nach Amerika, wo sie ihre Geschichte erzählte.

In Auschwitz begegneten Juden auch einer anderen nichtjüdischen Gefangenen, Dr. Adelaide Hautval. Die Tochter eines französischen protestantischen Pfarrers war tief religiös. 1934, im Alter von 28 Jahren, hatte sie ihr Examen abgelegt tund begonnen, als Ärztin in psychiatrischen Kliniken zu arbeiten. 1942 war sie in Frankreich festgenommen worden, weil sie ohne Papiere von Vichy in die von Nazis besetzte Zone gereist war, um ihre kranke Mutter zu besuchen. Die Deutschen brachten sie in ein Gefängnis in Bourges, in dem auch viele Juden festgehalten wurden. Sie sah, wie die Gestapoleute die Juden mißhandelten und protestierte dagegen. Die Deutschen sagten: »Wenn Sie die Juden verteidigen, können Sie auch ihr Schicksal teilen.« Sie zwangen die Ärztin, einen gelben Stern auf ihr Kleid zu nähen und eine Armbinde mit der Aufschrift »Judenfreundin« zu tragen.

Bis Januar 1943 behielten die Nationalsozialisten sie im Gefängnis, dann wurde sie nach Auschwitz gebracht. Die Nummer 31 802 wurde ihr eintätowiert, und sie wurde in Block zehn untergebracht. Unter Hunderten jüdischer Frauen aus Frankreich, Griechenland, Holland und Belgien war sie die einzige Christin. Der berüchtigte Block zehn war derjenige, in dem die Nazis unter dem Deckmantel »medizinischer Forschung« entsetzliche Experimente an jüdischen Frauen durchführten.

Als einzige für die tägliche Versorgung eingeteilte Ärztin tat Dr. Hautval alles, um das Leid zu lindern. Typhus breitete sich im Block aus, von einer neu angekommenen Gruppe eingeschleppt. Die Nazis schickten jeden Erkrankten in die Gaskammern. Dr. Hautval wußte, daß die einzige Chance, das Leben der Kranken zu retten, darin bestand, daß sie den Epidemiefall nicht meldete, sondern ihn, wenn nur irgend möglich, verheimlichte. Sie versteckte die erkrankten Frauen in den oberen Etagen der mehrstöckigen Betten und behandelte sie liebevoll wie eine Mutter. Gefangene erinnern sich, daß sie oft sagte: »Hier sind wir alle zum Tode verurteilt, aber solange wir noch leben, wollen wir uns wie menschliche Wesen benehmen.«

Die deutschen Ärzte in Auschwitz standen im Rang von SS-Offizieren. Zwei von ihnen, Dr. Agrad und Dr. Wirths, befahlen Dr. Hautval, ihnen bei den Experimenten zu helfen. Von Anfang an hatte Hitlers Regime sich die Mithilfe deutscher Ärzte gesichert, die damit den Hippokratischen Eid brachen, keinem Patienten Schaden zuzufügen. Im Jahre 1934 fingen sie an, die »Lebensunwerten« zu sterilisieren, d.h. die »minderwertigen Rassen, die sich wie Ungeziefer ausbreiten«, wie Hitler selbst es ausdrückte. Zwischen

Dezember 1939 und August 1943 töteten seine Ärzte insgesamt 50 000 bis 60 000 Deutsche, Kinder und Erwachsene, die als »lebensunwerte Arier« eingestuft wurden. Todesspritzen oder Gaskammern wurden eingesetzt – ein Vorspiel zu Auschwitz. Als der Vatikan und deutsche Bischöfe diese »Gnadentötungen« brandmarkten, da sie im Widerspruch zu menschlichem und göttlichem Gesetz standen, ließ Hitler die Tötungen abbrechen. Aber fast im selben Augenblick begannen die Vergasungen im großen Stil in den Todeslagern in Polen.

Was die Ärzte in Auschwitz von Frau Dr. Hautval verlangten, war Assistenz bei ihren Experimenten in »gynäkologischer Medizin«. Sie erklärten, es käme ihnen nur darauf an, neue Wege zur Früherkennung von Gebärmutterkrebs zu erforschen. Die Ärztin weigerte sich, an solchen Versuchen teilzunehmen. Es war ihr klar, daß hier rücksichtslos hilflose jüdische Frauen mißbraucht wurden, um kriminelle Handlungen zu vollziehen, die im direkten Gegensatz zur ärztlichen Verpflichtung standen, Kranken zu helfen. Niemand hat das Recht, sagte sie, mit dem Leben anderer Menschen zu spielen. Sie weigerte sich auch, bei der Anästhesie oder bei Sterilisationen mitzuwirken.

Von der störrischen Weigerung verärgert, fragte Dr. Wirths, ob ihr der Unterschied zwischen dem jüdischen und ihrem eigenen Volk bewußt sei. Darauf antwortete sie: »Ich habe in der Tat festgestellt, daß es Menschen gibt, die anders sind als ich. Sie, zum Beispiel!« Sie wachte über das Wohlergehen der jüdischen Frauen, war stets ihr »Engel in Weiß«, wie sie genannt wurde. Sie überlebte Auschwitz, und nach dem Krieg bezeugte sie in den Kriegsverbrecherprozessen die Rolle, die viele Mediziner für Hitlers »Endlösung« gespielt haben.

Es ist verständlich, daß viele Berichte von Überlebenden

aus Auschwitz sich auf einen Aspekt konzentrieren: auf die Vernichtung menschlichen Lebens.

Immer wieder ist von Krankheit, Hunger, Folter, Schmerz und Tod die Rede. Aber dieselben Berichte offenbaren auch eine andere Seite: die menschlichen Beziehungen, die zwischen vielen Gefangenen und sogar bisweilen zwischen Gefangenen und SS-Bewachern entstanden. Oder auch zwischen den unterschiedlichen ethnischen Gruppen, die in den Lagern vertreten waren. Die tiefen antisemitischen Gefühle polnischer, russischer und ukrainischer Gefangener machten das Leben der Juden in den Lagern noch schwerer. Und doch entwickelten manche Angehörigen dieser Gruppen tiefe Freundschaften mit Juden und begriffen die Größe der jüdischen Tragödie.

Ein Beispiel ist die Geschichte, die Wolf Glicksman über den Gefangenen Joseph Cyrankiewicz, den Nachkriegs-Ministerpräsidenten Polens, erzählt. In Auschwitz wurde Cyrankiewicz zum Blockschreiber ernannt. Wolf Glicksman, ein polnischer Jude, der dem Schreiber an seinem ersten Tag im Lager begegnete, erhielt von ihm ein großes Stück Brot. »Das war der höchste Ausdruck menschlichen Gefühls im Lager«, sagt Glicksman. Hilfe empfing er auch von einem anderen christlichen Gefangenen, von Jan Mosdorf. Mosdorf hatte vor dem Krieg die antisemitische Jugendbewegung in Polen geleitet. In Auschwitz aber wagte er mehrmals sein Leben, indem er Briefe Glicksmans zu einer Verwandten im Frauenlager Birkenau schmuggelte, wo Mosdorf zur Arbeit eingeteilt war. Manchmal brachte er Glicksman Lebensmittel und kleinere Kleidungsstücke mit.

Warum? Wer kann dieses Verhalten erklären? Cyrankiewicz sagt, niemand kenne die volle Wahrheit über Auschwitz. Und Glicksman meint: »Das ist wahr. Es gab tägliche Hinrichtungen auf der einen Seite; Spiel, Gesang und Trinken auf der anderen. Gewöhnliche Lagerinsassen starben an Hunger und Erschöpfung, doch es gab auch eine Gruppe von Gefangenen, die reichlich zu essen hatte. Es bedeutete eine Erniedrigung für einen Menschen, daß er sehnlich darauf wartete, daß ein anderer erschossen oder sonstwie getötet wurde, damit er seine Schuhe oder Kleider erben konnte – und es gab andererseits Fälle von edelster menschlicher Haltung.«

Primo Levi begegnete in Auschwitz der vorbildlichen Menschlichkeit eines Lorenzo Perrone und hat uns davon berichtet. Perrone war ein italienischer Fliesenleger, offiziell kein Gefangener, der als keineswegs freiwilliger Zivilist in Auschwitz arbeitete.

Levi, ein 24jähriger jüdischer Chemiker aus Turin, war gemeinsam mit anderen Partisanen Ende 1943 gefangengenommen und in ein Internierungslager gebracht worden. Zwei Monate später wurde er mit 600 anderen italienischen Juden nach Auschwitz verschleppt. Innerhalb von zwei Tagen nach ihrer Ankunft waren 500 von ihnen tot. Levi bekam die Nummer 174 517. Diese Tätowierung sollte er bis zum Ende seines Lebens unter dem linken Arm tragen. Von den Nazis wurde er zur Arbeit in der Kunstgummifabrik in Auschwitz eingeteilt.

Schnell war er »ausgehöhlt und völlig am Boden«, wie er schrieb.

»Vierzehn Tage nach meiner Ankunft hatte ich schon den eingeplanten Hunger, jenen chronischen Hunger, den kein Mensch in Freiheit kennt; jenen Hunger, der dafür sorgt, daß man nachts davon träumt, der sich in alle Glieder ausbreitet ... Auf den Fußrücken hatte ich schon offene Eiterwunden, die nicht heilen wollten. Ich schob eine Lore, ich arbeitete mit der Schaufel, ich verfaulte im Regen, ich zitterte im Wind; schon gehörte mein eigener Leib nicht mehr mir; mein Bauch ist verschwollen, meine Glieder sind verknotet, mein Gesicht ist am Morgen aufgequollen, am Abend eingefallen; manche von uns haben eine gelbe Haut, andere sind grau. Wenn wir uns ein paar Tage nicht begegnet sind, erkennen wir einander kaum noch.«

Eines Tages hörte Levi zwei italienische Handwerker, die eine Mauer errichteten und sich im Dialekt seiner Heimat unterhielten. Einer der beiden Männer war Lorenzo Perrone. Er kam aus einem etwa hundert Kilometer von Turin gelegenen Dorf. Sie sprachen miteinander, obwohl den Zivilarbeitern jeder Kontakt mit Gefangenen streng verboten war. Sieben Monate Gefängnis wurden dafür angedroht. Nur sehr selten war jemand bereit, einem Gefangenen zu helfen, denn es war zu gefährlich. Aber Lorenzo war ein »außergewöhnlicher Mann«, geborener Katholik, aber nicht gläubig. Eine Freundschaft begann.

»Lorenzo gab mir jeden Tag ein Stück Brot und die Reste seiner Rationen, und das über sechs Monate hinweg. Er brachte mir eine Weste mit, die voller Flicken war. Er schrieb eine Postkarte für mich nach Italien und brachte mir die Antwort. Für das alles verlangte er keinen Lohn und kein Lob, denn er war ein guter, einfacher Mensch und dachte gar nicht daran, Gutes um einer Belohnung willen zu tun.

Das alles darf einem nicht klein und unbedeutend vorkommen ... Die Frage mag unsinnig erscheinen, warum gerade ich und nicht tausend andere diese Prüfung überlebt haben, aber ich glaube, ich habe es tatsächlich Lorenzo zu verdanken, daß ich heute am Leben bin ... nicht so sehr wegen seiner materiellen Hilfe, sondern weil er mich durch seine Gegenwart, durch sein natürliches und schlichtes So-Sein daran erinnerte, daß es noch eine gerechte Welt außerhalb unserer eigenen gab, daß es noch Menschen gab, die sauber und heil waren, nicht korrupt, verwildert, empfänglich für Haß und Terror. Es ist schwer zu definieren: eine ferne Möglichkeit des Guten, für die sich immerhin das Überleben lohnte.«

Nach der Befreiung trafen sich die beiden Männer in Italien wieder. Levi erfuhr, daß Lorenzo auch einigen anderen Gefangenen geholfen hatte: einem Polen, einem Franzosen, nicht nur einem italienischen Landsmann. Er fühlte sich »aus rein moralischen Gründen« zur Hilfe verpflichtet, sagte Levi. In den letzten Tagen des Lagers Auschwitz, kurz vor der Ankunft der Sowjetarmee, hatte Lorenzo einen Becher Suppe für Levi mitgebracht und sich entschuldigt, weil die Suppe verschmutzt war. Damals fragte Levi nicht nach dem Grund, doch als sie sich später in Italien wiedersahen, erklärte Lorenzo, er habe die Suppe vorsichtig getragen, als er in einen Bombenangriff geraten und in einen Krater gefallen sei. Eine Explosion schleuderte Dreck und Sand in die Suppe und zerriß Lorenzo ein Trommelfell. Das hatte er aber Levi nicht erzählt, damit der sich nicht in seiner Schuld fühlen sollte.

»Lorenzo war ein Mensch«, schließt Levi. »Seine Menschlichkeit war rein und unvergiftet, er stand außerhalb dieser Welt der Verneinung. Lorenzo habe ich es zu verdanken, daß auch ich nicht vergaß, daß ich ein Mensch war.«

Levi nannte seinen Sohn Lorenzo.

12 Wer auch nur eine Menschenseele rettet ...

Wir fragen uns, warum die Taten von Nichtjuden, die ihr Leben einsetzten, um Juden während der Zeit der nationalsozialistischen Herrschaft zu retten, so wenig Beachtung gefunden haben. Ein Grund mag sein, daß vor der schrecklichen Finsternis des Holocaust das von den Rettern entzündete Licht nur ein schwaches Glimmen war. Aber wir sollten nicht versuchen, das eine gegen das andere aufzurechnen. Ein weiterer Grund liegt vielleicht in dem verbreiteten Zynismus, wenn es um die Frage nach dem Guten im Menschen geht. Viele glauben, es sei für den Menschen ganz natürlich, sich aggressiv zu verhalten, anderen Menschen Schaden zuzufügen. Sie meinen, eine gute Tat werde nur getan, wenn der Wohltäter daraus selbst Befriedigung ziehen könne. Die Tat stärkt das eigene Selbstbewußtsein. Die Motive einfacher, gütiger Menschen, die einfach nur helfen wollen, werden verdächtigt.

Oder zwingt uns das Verhalten der Retter vielleicht dazu, uns Gedanken über unsere eigene Anständigkeit, unsere eigene Fähigkeit zum Mitleid zu machen? Wenn wir über Eichmann lesen, fühlen wir uns wahrscheinlich sicher, daß wir etwas so Schreckliches wie er niemals tun würden. Lesen wir aber über einen André Trocmé oder einen Raoul Wallenberg, dann sind wir herausgefordert. Würde ich, könnte ich, so fragen wir uns, so für die Verfolgten und Hilflosen eintreten? Würde ich so viel wagen? Wäre es mir so wichtig?

Die Antwort liegt teils im Mitgefühl, teils im Gewissen.

Mitgefühl empfinden heißt, mit dem anderen zu leiden. Aber man ist nur ein Betrachter, man erduldet nicht dasselbe Leid. Kann man sich in den Schmerz des anderen hineinversetzen? Doch auch solche Gemeinsamkeit des Gefühls muß uns noch nicht notwendigerweise zur Tat treiben, muß uns noch nicht dazu zwingen, wirklich etwas zu tun, um das Leiden eines anderen Menschen zu mindern oder ihn aus der Lage zu befreien, die Ursache seines Leidens ist.

Was uns zum Handeln treibt, ist häufig das Gewissen, also unser Gefühl für Gut und Böse, für den moralischen Wert oder Unwert, für die Verwerflichkeit unserer eigenen Absichten und Taten, zugleich mit dem Gefühl, daß wir im Grunde die Pflicht haben, so zu handeln oder zu sein, daß man uns gut nennen kann.

Zur Zeit des Holocaust war es die Fähigkeit, auf das Böse zu reagieren, darauf zu antworten, aus Ver-Antwortung.

Diese Fähigkeit ermöglicht Taten. Die Retter fällten ein moralisches Urteil über die bösen Taten und Ereignisse, deren Zeugen sie wurden, und dann handelten sie. Sie empfanden Mitgefühl mit dem Leid anderer, und dieses Mitgefühl beseitigte die Distanz zwischen ihnen und den anderen. Sie handelten, weil sie in die Einheit der Menschlichkeit eingebunden waren.

Selbstverständlich ist solches Handeln von Mitgefühl, solche Zivilcourage niemals einfach. Die Historiker der »Endlösung« in den besetzten Ländern untersuchten viele Umstände, die dafür mitbestimmend waren, wie weit der Massenmord gehen konnte, wie weit Rettung möglich war. Geschichte, Religion, Klassenzugehörigkeit, politische Überzeugung, Freundschaften, Individualismus – alle diese Faktoren spielten eine Rolle, und in den vorangegangenen Kapiteln sind einige davon berührt worden.

Yehuda Bauer, der mehrere Studien über den Holocaust

veröffentlicht hat, kommt zu dem Schluß, daß »religiöse Überzeugungen offenbar weniger mit der Haltung gegenüber den Juden zu tun hatten als vielmehr der nationale Hintergrund, die historischen Traditionen, die politischen Meinungen. Insgesamt war die tragische Situation der Juden inmitten einer nichtjüdischen Welt so, daß sie nur auf Gnade, Mitgefühl und liebevolle Freundlichkeit rechnen konnten. Manchmal begegneten Juden anderen Menschen mit solchen Qualitäten, an den meisten Orten nicht.«

In Israel gibt es einen Ort, an dem die Taten der guten Menschen verzeichnet sind. Er heißt *Yad Vashem* und ist eine Gedenkstätte für Märtyrer und Helden. Sie liegt auf einem Hügel am westlichen Rande Jerusalems. 1953 wurde sie von der Regierung des Staates Israel als Forschungszentrum über den Holocaust eingerichtet; sie umfaßt auch ein Museum, eine Bücherei und ein umfangreiches Archiv.

Eine Allee immergrüner Bäume führt den Besucher zum Holocaust-Museum und zu dem Platz, der den Helden und Märtyrern des Aufstands im Warschauer Getto gewidmet ist. Es ist die »Allee der Gerechten«.

Jeder Baum ist zum Gedächtnis eines Nichtjuden gepflanzt worden, der sein Leben für Juden einsetzte. Bis 1986 waren etwa 16 000 Bäume an dieser Allee und am Rande des Platzes gepflanzt. Noch viele Fälle warten auf die Untersuchung durch einen Ausschuß, der Unterlagen daraufhin überprüft, ob der Ehrentitel eines »Gerechten Nichtjuden« zuerkannt werden kann. Wird ein Fall genehmigt, so wird in diesem Namen ein Baum gepflanzt. Urkunde und Medaille werden dem so geehrten »Gerechten« oder einem Vertreter ausgehändigt. Die Inschrift auf der Medaille lautet: »Wer auch nur eine einzige Seele rettet, der ist, als habe er die ganze Welt gerettet.«

An jedem Baum nennt eine Tafel Namen und Nationalität des Geehrten. Die Geschichte jedes einzelnen von ihnen ist im Archiv des *Yad Vashem* nachzulesen.

Sie alle sind oder waren Menschen, deren Leben Zeugnis ablegt für die Wahrheit, daß es eine Alternative zur passiven Hinnahme des Bösen gibt. Wo diese Menschen lebten, geschah das Gute.

Wo *wir* leben, *kann* das Gute geschehen.

Literaturhinweise zum Themenkreis

ANTISEMITISMUS

Elbogen, I. / Sterling, E.: Die Geschichte der Juden in Deutschland. Europäische Verlagsanstalt, Frankfurt/M. 1966

Haffner, Sebastian: Von Bismarck zu Hitler. Ein Rückblick. Kindler Verlag, München 1987

Hall, Murray: Der Fall Bettauer. Löcker Verlag, Wien 1978

Jochmann, Werner: Gesellschaftskrise und Judenfeindschaft in Deutschland 1870-1945. Christians Verlag, Hamburg 1988

Poliakoy, Leon: Geschichte des Antisemitismus. Das Zeitalter der Verteufelung und des Ghettos. Heintz Verlag, 1978

ANNE FRANK

Anne Frank, 1929-1979. Anne Frank Stiftung, Amsterdam 1979

Das Tagebuch der Anne Frank. Fischer Verlag, Frankfurt/M. 1981

Das Tagebuch der Anne Frank. 12. Juni 1942 bis 1. August 1944. Lambert Schneider Verlag, Heidelberg 1980

JUDENVERFOLGUNG

Anders, Günther, Besuch im Hades. Auschwitz und Breslau. Beck Verlag, München 1966 (Beck'sche Schwarze Reihe, 1977)

Aretz, Emil: Hexen-Einmal-Eins einer Lüge. Verlag Hohe Warte, 1976

Behrend-Rosenfeld, Else: Ich stand nicht allein. Europäische Verlagsanstalt, Frankfurt/M. 1979

Biermann, John: Raoul Wallenberg. Der verschollene Held. Droemer Knaur Taschenbuch 3609, München 1983

Clare, George: Das waren die Klaars. Verlag Ullstein, Berlin 1980

Dawidowicz, Lucy S.: Der Krieg gegen die Juden. Kindler Verlag, München 1979

Dobschiner, Johanna: Zum Leben erwählt. Hänssler Verlag, Neuhausen 1973

Eisenkraft, Clara: Damals in Theresienstadt. Aussaat Verlag, Neukirchen-Vluyn 1977

Epstein, Helen: Die Kinder des Holocaust. Gespräche mit Söhnen und Töchtern von Überlebenden. C.H. Beck Verlag, München 1987

Grant, Myrna: Reise im Gegenwind. Francke-Buchhandlung, Marburg 1979

Häsler, Alfred: Die Geschichte der Karola Siegel. Benteli Verlag, Bern

Hallie, Philip: ... Daß nicht unschuldig Blut vergossen werde. Die Geschichte des Dorfes Le Chambon und wie dort Gutes geschah. Neukirchener Verlag, Neukirchen-Vluyn 1983

Hausner, Gideon: Die Vernichtung der Juden. Kindler Verlag, München 1979

Horbach, Michael: So überlebten sie den Holocaust. Goldmann Verlag, München 1979

Katz, William: Ein jüdisch-deutsches Leben 1904 - 1939 - 1978. Katzmann Verlag, Tübingen 1980

Keneally, Thomas: Schindlers Liste. C. Bertelsmann Verlag, München 1983

König, Joel: David. Fischer Verlag, Frankfurt/M. 1979

Krall, Hanna: Schneller als der liebe Gott. Suhrkamp Verlag, Frankfurt/M. 1980

Kurzmann, Dan: Der Aufstand. C. Bertelsmann Verlag, München 1979

Lichtenstein, Erwin: Die Juden der Stadt Danzig unter der Herrschaft des Nationalsozialismus. Mohr Verlag, Tübingen 1973

Maltzan, Maria von: Schlage die Trommel und fürchte dich nicht. Erinnerungen. Verlag Ullstein, Berlin 1986

Omenzetter, Alex: Ich kann es nicht vergessen. Brunnen Verlag, Gießen 1976

Oppenheimer/Stuckmann/Schneider: Als die Synagogen brannten. Röderberg Verlag, Köln 1978

Paepcke, Lotte: Ich wurde vergessen. Verlag Herder, Freiburg/Brsg. 1979

Rassinier Paul: Was ist Wahrheit? Druffel-Verlag, Berg 1978

Reitlinger, Gerald: Die Endlösung. Colloquium Verlag, Berlin 1979

Schoenberger, Gerhard: Der gelbe Stern. C. Bertelsmann Verlag, München 1978

Senger, Valentin: Kaiserhofstraße 12. Luchterhand Verlag, Darmstadt 1980

Ziemian, Joseph: Sag bloß nicht Mosche zu mir, ich heiße Stasiek!, Basis Verlag, Frankfurt/M. 1979

KONZENTRATIONSLAGER

Buber-Neumann, Margarete: Als Gefangene bei Stalin und Hitler. Seewald Verlag, 1978

Deutschkron, Inge: ... denn ihrer war die Hölle. Kinder in Gettos und Lagern ... Verlag Wissenschaft und Politik, Köln 1979

Kielar, Wieslaw: Anus Munde. Fünf Jahre Auschwitz. Fischer Verlag, Frankfurt/M. 1979

Langbein, Hermann: Menschen in Auschwitz. Verlag Ullstein, Berlin 1980

Perk, Willi: Hölle im Moor. Röderberg Verlag, Köln 1979

Pingel, Falk: Häftlinge unter SS-Herrschaft. Hoffmann und Campe, Hamburg 1978

MEDIZINISCHE VERSUCHE IN KONZENTRATIONSLAGERN

Schwarberg/Haller: Der SS-Arzt und die Kinder. STERN-BUCH, Gruner & Jahr, Hamburg 1979

MEDIZINISCHE VERSUCHE IN KONZENTRATIONS-LAGERN

Schwarberg/Haller: Der SS-Arzt und die Kinder. STERN-BUCH, Gruner & Jahr, Hamburg 1979

Personen-, Orts- und Sachregister

Agrad, Dr., 148
Amsterdam, 131f, 134, 152
André, Joseph, Pater, 143
Antisemitismus
- in den baltischen Ländern, 44, 52
- in Dänemark, 91
- in Deutschland, 9, 11f, 23
- in Frankreich, 74
- in Holland, 131
- in Italien, 119
- in Polen, 32, 44f
- in Ungarn, 106

Arions, Familie, 88
Assisi, 122ff
Aufstand im Warschauer Getto, 40, 53, 156
Auschwitz, Konzentrationslager, 19, 63, 66ff, 107, 110, 113, 121, 127, 134, 142f, 145ff, 153
Bachner, Apotheker, 62
Badoglio, Marschall, 120, 127
Bankier, Abraham, 61
Baptisten, 45
Bauer, Yehuda, Historiker, 23, 30, 155
Bayonne, 72
Belgien, 15, 79, 131, 133, 141, 144, 148
Belsen, Konzentrationslager, 134

Belzec, 61f
Berlin, 14, 20f, 25ff, 66, 109, 111, 159ff
Bevölkerung, jüdische,
- in Belgien, 141
- in Berlin, 20
- in Bulgarien, 55f
- in Dänemark, 91
- in Deutschland, 13
- in Frankreich, 71
- in Holland, 131
- in Italien, 129
- in Polen, 31, 32
- in Ungarn, 106

Bianchi, Carla, d.i. Clara Weiß, 124
Birkenau, Frauenlager, 77, 150
Blizyn, Arbeitslager, 146
Blum, Aron, 42, 133
Bordeaux, 71
Boris, König von Bulgarien, 55f
Bourges, 147
Brinnlitz, 66ff
Brizi, Luigi, Drucker, 123
Brizi, Trento, 123
Brüssel, 144
Bubasko, 35
Bubik, 50
Buczacz, 50
Budapest, 63, 107ff, 114ff
Bulgarien, 55f

Celis, Louis, Pater, 144
Cévenol-Schule,81f, 58
Chalmers, Burns, 85
Chotel, Marie, 76ff
Chotel, Henri, 76f
Christian X., König von Dänemark, 92
Christusmörder, 10
Cleevringa, R.P. Professor, 131
Colloges, 79
Cyrankiewicz, Joseph, 150

Dachau, Konzentrationslager, 24, 54, 120
Damman, Jeanne, 144
Dänemark, 15, 91ff, 98, 101f, 104, 141
De Jong, Arzt, 138
de Marco, Mario, 120
des Pres, Terrence, 145
Dlugie, 35
Donati, Angelo, 125
Duckwitz, Georg, Marineattaché, 93
Dühring, Karl Eugen, Philosoph, 11
Duniec, Jadzia, 40
Dworski, Frank, 42f

Eichmann, 18, 107ff, 134, 154
Elisabeth, Königin der Belgier, 142
Emigration, 14
Endlösung der Judenfrage, 8, 92, 96, 106, 112, 122, 149, 155, 161
Eres, Zvi, 114
Estland, 44, 50
Eyraud, Mme, 88

»FF«, 146
Fiume, 120, 128
Foss, Erling, dän. Autor, 94
Frank, Anne, 134
Frank, Otto, 134
Frankreich, 14f, 71, 73f, 76f, 79, 81f, 85, 87, 104, 125, 136, 138, 147f
Französische Revolution, 11
Froidure, Edouard, Pater, 144

Genf, 79
Genua, 120
Gesetze, 10, 13, 56, 73, 87, 106f, 119, 130, 142
Gestapo, 13, 22, 24, 27, 29, 33f, 37f, 40, 46, 51, 62, 67, 71, 73, 80, 85, 89, 94, 102, 120, 124, 136, 139, 147
Glicksman, Wolf, 150
Goebbels, Joseph, 21
Goeth, Amon, 59, 65
Gurs, Straflager, 89

Hautval, Dr. Adelaide, Ärztin, 147ff
Heerlen, 138
Hegyeshalon, 114
Hendaye, 72
Herzer, Ivo, 127ff
Hilfspolizei, 46
Himmler, Heinrich, 13, 110
Hirschel, Hans, 25f
Hitler, Adolf, 8ff, 20f, 31, 36, 44, 46, 56, 58, 63, 70, 73, 79, 91f, 105ff, 111, 118ff, 122, 126f, 144, 148f
Holland, 15, 79, 131, 133f, 136f, 141, 148

Holocaust, 7ff, 12, 23, 31, 36, 44, 47, 121f, 145, 154f
Hordijk, Leendert, 134
Horthy, Nikolaus, Admiral, 106ff, 110f
Höss, Rudolf, 68
IG Farben, 64
Industrielle Revolution, 10
Internationales Rotes Kreuz, 107, 110, 114
Israel, 70, 156
Italien, 81, 92, 118ff, 125ff, 152f

Jerusalem, 70, 156
Jonas, Pfarrer, 52
Jongen, Polizist, 138
Jüdischer Rat Ungarns, 107

Kanény, Baronin Elisabeth, 112
Kaunas, 50
Kardinal von Genua, 120
Kh. K., 34
Kiaer, Erling, 98
Klimatis, lit. Journalist, 50
Konzentrationslager, 13, 15, 17, 24, 26, 45f, 54, 132ff, 136, 138
Koophuis, Kaufmann, 134
Kormilo, Mischko, Landarbeiter, 48f
Krakau, 33f, 58ff, 62f, 65ff
Kraler, Kaufmann, 134
Krematorien, 18, 65
Kreuzen, 24
Kreuzzüge, 10
Kroatien, 125, 127, 129
Kruk, Hermann, 52
Kryvoiaza, Alexander, 50

Kuzaniak, Frau, 35
Lamirand, Georges, Minister, 82
Larisch, Juliana, 37
Laskowska, Stanislawa, 35f
Laterner, Rena, 40
Lauer, Koloman, 105, 107
Le Chambon, 71, 78, 80ff, 138
Leiden, Universität, 72, 86, 112, 131f, 142, 155
Lemberg, 46f
Leopold, König der Belgier, 142
Lettland, 44, 50
Levi, Primo, 151ff
Litauen, 44, 50
Lodz, 18
London Jewish Chronicle, 32
Lublin, 16f, 61
Luindsrecht, 136
Luther, Martin, 10
Lvov, 43
Lyon, 79f

Maidanek, 89
Malinowskij, General, 116
Maltzan, Gräfin Maria von (Maruschka), 25, 27
Marseille, 85
Mauthausen, Konzentrationslager, 132
Mein Kampf, 79
Mendes, Aristedes de Sousa, 71ff
Meyer, Odette, 76
M. G., 47f
Miccaci, Rufino, Pater, 122
Micilini, Bischof, 25
Militsch, Schlesien, 25

Moldauer, S., Journalist, 16
Mordy, 36
Mosdorf, Jan, 150
Movschowitsch, Professor, 51
Mozowiecki, 146
Mulineaere, Jeanne de, Journalistin, 144
Mussolini, Benito, 92, 118, 125ff

Nimwegen, 140
Niuvelande, 138
Nizza, 125ff
»NRK«, 138
Nürnberger Gesetze, 13

Palästina, 104f, 136
Paris, 15, 71, 74, 76f, 79, 81, 83, 87
Pero, Hotelportier, 37f
Perrone, Lorenzo, 151f
Pétain, Marschall, 71, 73, 82
Pfeilkreuzler, 111, 114ff
Piotrskovska, Mali, 37
Piotrskovska, Bronka, 121
Pius XII., 121
Plaszow, Zwangsarbeitslager, 59, 62ff
Plawczynska, Janina, 40
Pleschew, Dimitri, 56
Polatucci, Dr. Giovanni, 120
Polen, 15, 20, 31ff, 38, 40f, 44, 46, 48, 58, 63, 71, 83, 89, 106, 127, 138, 149f, 153
Portugal, 72
Pritchard, Marion, Studentin, 140
Przewlocka, Elisabeth, 37

Quäker, 75, 85f

Rassenlehre, 11
Regierung, Schwedische, 94
»Reichskristallnacht«, 15, 23
Roanne, 75
Rostal, Zygmunt, 40

Sapetowa, Carola, 33
Scheiwis, Rachel, 35
Schepitsky, Andrew, Erzbischof v. Lemberg, 46, 47
Scherner, Julian, 61
Schindler, Oskar, 57, 61, 64ff, 70ff, 160
Schmidt, Waschfrau, 24
Schudlowski, Bauer, 48
Schweden, 27f, 88, 94ff, 96ff, 100, 102, 104ff
Schweiz, 74, 79, 88f, 107, 136
Sephardim, 55
Seschko, Vorarbeiter, 48
Simaite, Anna, 52f
Simon, Adina, 136
Simon, Joachim, 136
Sofia, 55
Sophia, 39
Spanien, 72ff, 136
SS, 13, 16, 22, 24, 27f, 30, 34, 50, 59, 61ff, 67ff, 79, 110f, 114, 116, 121, 124f, 132, 148, 150
Stalin, 15, 31, 44, 92, 161
Stern Isaak, 60, 63f
Stokaukas, Direktor des Stadtarchivs v. Wilna, 51
Sudetenland, 14, 58
Szálasi, Ferenc, 111, 112

Tarnopol, 41, 49
Texière, Frau, 95
Theis, Edouard, 81f, 86, 89
Theresienstadt, Konzentrationslager, 102f, 159
Trocmé, André, 71, 78, 81ff, 135, 154
Trocmé, Daniel, 89, 135
Trocmé, Magda, 81, 88, 90
Tschechoslowakei, 14, 58, 65, 101, 106

Ukraine, 44ff, 50
Ungarn, 104, 106f
Unitarier, 75
Utrecht, 135

van Roey, Kardinal, 142
Vatikan, 107, 122, 125, 149
Vergasung, 18, 149
Vichy, 71, 73ff, 83ff, 125f, 147
Vidukle, 52
Vos, Aart, 139
Vos, Johtje, 139
Vught, 137

Wallenberg, Raoul, 104f, 107ff, 154, 159
Warschau, 16, 33, 37, 39f, 156
Weidner, John, 78
Weiß, Clara, d.i. Carla Bianchi, 124
Weltrat der Kirchen, 88
Wesslen, Eric, Gemeindearbeiter, 28
Westerweel, Joop, 135
Westerweel, Will, 135
Wiesel, Elie, 19
Wilna, 51f, 54
Wirths, Dr., 148f
Wonisowska, Zosia, 146
Wonisowski, Kazik, 146f

Yad Vashem, Gedenkstätte, 156f
Yahil, Leni, 102
YWCA, 75

Zucotti, Susan, Historikerin, 121
Zyklon B, 18